القيادة
التربوية
الفاعلة

القيادة
التربوية
الفاعلة

أمـــــل لطفي أبو طاحـــون

أمواج
للطباعة والنشر والتوزيع

الطبعة الأولى
كل الحقوق محفوظة
2012

رؤيتنا: العلم والثقافة أساسان متينان للحياة السوية على طريق النجاح والعمل الإبداعي
رسالتنا: نشر الإبداعات في شتى صنوف العلم والمعرفة بما يسهم في التطور مع المحافظة على الموروث لإعداد جيل صالح يرتقي بالأمة نحو الآفاق ويضعها في صدارة الأمم.
قيمنـــا: منارات ترشدنا لتحقيق رؤيتنا ورسالتنا

رقم التصنيف : 371.2
المؤلف ومن هو في حكمه : أمل لطفي أبو طاحون
عنوان الكتاب : القيادة التربوية الفاعلة
بيانات الناشر : أمواج للنشر والتوزيع، عمان - الأردن 2012
عدد صفحات الكتاب : 244 صفحة
رقم الإيداع لدى دائرة المكتبة الوطنية. :(2012/2/521)
الرقم المعياري الدولي (ISBN) :9789957528553
الواصفات : الإدارة التربوية/ التعليم / التربية

يتحمل المؤلف كامل المسؤولية القانونية عن محتوى مصنفه ولا يعبّر هذا المصنف عن رأي دائرة المكتبة الوطنية أو أي جهة حكومية أخرى.

تم إعداد بيانات الفهرسة والتصنيف الأولية من قبل دائرة المكتبة الوطنية

أمواج للطباعة والنشر والتوزيع
الأردن - عمّـان
ماركا الشمالية - دوار المطار - ماركا سنتر
تلفاكس: 0096264888361
E-mail: amwajpub@yahoo.com

للطباعة والنشر والتوزيع

شكر وتقدير

تود المؤلفة أن تقدم شكرها

للسيدة وداد الزعبي

لجهودها في تحرير الكتاب

6

الإهــــداء

إلى أمي وأبي

إلى المربي في كل مكان

إلى ابن العروبة والإسلام الذي تبرق عيناه حباً وأملاً، وتدمع شوقاً
ولهفة إلى اليوم الذي يرى فيه بلادنا أسعد البلاد وأرقاها
إلى كل هؤلاء أهدي هذا الكتاب

أمـــــل

فهرس

الفصل الأول

مدخل إلى القيادة

فهرس

الفصل الثاني

النظرية في القيادة

الفصل الثالث

إدارة الأزمات والصراعات في المؤسسة التربوية

الفصل الرابع

دور القيادة التربوية في عمليتي الاتصال والتقييم

الفصل الخامس

القيادة التربوية في الإسلام

مقدمة

تلعب القيادة التربوية دوراً محورياً في مسيرة النظام التربوي القائم ، حيـث تسـعى النظم التربوية المختلفة إلى النهوض بمؤسساتها لبلوغ الأهداف التي تطمح لتحقيقها بدقة وفاعلية كبيرتين ، ولا يمكن تحقيق ذلك إلا بتضافر الجهود وزيـادة وتـيرة التنسـيق المتبـادل بين كافة أطراف وعناصر النظام التربوي ، وفي خضم هذه العملية تظهر الحاجـة إلى وجـود شخص يتمتع بمواصفات خاصة ليـتمكن مـن تنظيـم وتوجيـه الأعمـال الراميـة إلى تحسـين الإنتاجية والتخطيط لها ومتابعتها ، وهذا الشخص يـدعى بالقائـد التربـوي ، فالقيـادة تمـثل الشرعية داخل المنظمة والعنصر الأعلى من عناصر نجاح المؤسسات في تحقيق أهدافها .

وفي هذا الكتاب نظرة شاملة إلى كافة حيثيات القيادة التربوية المعاصرة ، حيـث تـم إلقاء الضوء على العديد من الموضوعات الهامة في هذا الميدان ، وقد كان هذا الكتاب الـذي يحتوي عـلى خمسـة فصـول رئيسـية، حيـث جـاء الفصـل الأول تحـت عنـوان (**مـدخل إلى القيادة**) فقد تم الدخول إلى القيادة والتعرف لمفهومها وماهيتها والحاجة إليها وأهميتهـا وصفاتها وخصائصها وأنواعها ، كما تم التطرق إلى ماهية العلاقة بين القيـادة والثقافـة وتـم تناول التجربة الأردنية في المواءمة بين مفهومي الثقافة والتربية.

أما الفصل الثاني فكان عنوانه(**النظريـة في القيـادة**) وفيـه تـم التطرق إلى أبـرز نظريات القيادة الحديثة كنظرية السـمات والموقـف والنظريـة السـلوكية ونظريـة القيـادة التحويلية.

أما الفصل الثالث فجاء تحت عنوان (**إدارة الأزمات والصراعات في المؤسسة التربوية**) وفيه سلطت الضوء على أسباب الأزمات التربوية ودور

القائد في إدارتها والتصدي لها ثم تم التطرق إلى إدارة الصراع حيث تم التعرف على العوامل المؤدية للصراع، أنواعه، مراحله، آلية التعامل معه، ودور القائد في إدارة الصراع.

وجاء الفصل الرابع بعنوان (**دور القيادة التربوية في عمليتي الاتصال والتقييم**) وفي هذه الجزئية من الكتاب تم استعراض أهمية عمليتي الاتصال والتقييم في إتاحة الفرصة للقائد التربوي للقيام بأدواره بكفاءة وفاعلية.

أما الفصل الخامس، فكان بعنوان (**القيادة التربوية في الإسلام**) حيث تم التطرق فيه إلى نموذج القيادة التربوية في النظام التربوي الإسلامي. وقد تم اختتام هذا الكتاب بمجموعة من الملاحق التي توضح بعض المفاهيم القيادية بوجه عام.

... **وختاماً** الحمد لله على آلائه التي لا تعد ولا تحصى، الحمد لله الذي شرح لي صدري ويسر لي أمري، وأنار لي طريقي في إعداد هذا الكتاب، والصلاة والسلام على النبي المصطفى والمعلم والمقتدى محمد بن عبد الله، وأشهد أن لا إله إلا الله وأن محمداً رسول الله، يقول تعالى: ﴿ يَا مَعْشَرَ الْجِنِّ وَالْإِنْسِ إِنِ اسْتَطَعْتُمْ أَنْ تَنْفُذُوا مِنْ أَقْطَارِ السَّمَاوَاتِ وَالْأَرْضِ فَانْفُذُوا لَا تَنْفُذُونَ إِلَّا بِسُلْطَانٍ ﴾ [الرحمن: ٣٣]. وأدعوه سبحانه أن يتقبله مني خالصاً لوجهه وأن يجعله في ميزان حسناتي ، كما آمل أن ينتفع به من له حاجة من طلبة ومعلمين وإداريين، كي أكون ممن كتب الله له أجراً بعد رحيله، و الله ولي التوفيق.

المؤلفة

أمل أبو طاحون

الفصل الأول

مدخل إلى القيادة

ويتضمن:

- تمهيد
- تعريف القيادة
- الفرق بين القيادة والإدارة
- أهمية القيادة
- الحاجة إلى القيادة
- صفات القائد الفاعل
- مهام ووظائف القائد
- مصادر قوة القيادة
- خصائص القائد الفاعل
- الثقافة والقيادة
- التجربة الأردنية في بث الثقافة القيادية
- أنواع القيادة التربوية
- أنماط القيادة
- ملخص الفصل

18

الفصل الأول

مدخل إلى القيادة

تمهيد

ارتبط مفهوم القيادة بشكل عام بمركز أو بموقع الفرد في المجتمع ، ولكن لا يعتبر ذلك فهماً دقيقاً للقيادة ، فالقيادة تتضمن أن يسعى الفرد إلى إشباع رغبات الآخرين في المؤسسة مما يجعلهم يلتفون حوله ويشعرون بالأمن والاستقرار ، ولابد أن يكون القائد قادراً على التأثير في الآخرين ، ليقوموا بالواجبات المنوطة بهم بفاعلية ، فالتأثير في الآخرين (في العاملين داخل المؤسسات) يشير إلى مقدرة الإداري على فهم خصائص هؤلاء الأفراد وفهم قدراتهم وإمكاناتهم ومنظومة القواعد التي يمكن أن تؤثر فيهم ، وليس هناك أدنى شك في أنّ أية مؤسسة تسعى إلى تحقيق أهدافها بأقصى درجة من الفاعلية .

ونحن نعيش عصر القيادة ، فنشاط أية مجموعة يتطلب نوعاً من القيادة لتنظيم وتوجيه جهود أعضاء المجموعة وذلك لتحقيق الأهداف المحددة مسبقاً، وبالرغم من أن الإدارة والقيادة مختلفتان عن بعضهما البعض ، إلا أنها في الوقت عينه قريبة جداً من بعضها وخاصة من ناحية اتجاه العلاقة الإنسانية ، فالقيادة عملية يؤثر فيها ومن خلالها فرد ما على الأفراد الآخرين في المجموعة وذلك لبلوغ الأهداف التنظيمية ، فنجاح المنظمات والمؤسسات التربوية على وجه

الخصوص يعتمد على الرؤساء الفاعلين وذوي الكفاءة ، لذا فإن الصفحات التالية تستعرض وصف مفهوم القيادة ونظرياتها ووجهات النظر حولها[1].

وتعتبر القيادة بمثابة حجر الأساس للمجتمع أو للمؤسسة ، فمن خلالها يحدث النجاح وتتحقق الريادة ، ويعود ذلك إلى أن القادة يخططون ويصوغون و ينظمون المسؤوليات ويفوضون السلطات ويسهمون في الرقابة وفي اتخاذ القرارات الرشيدة ، بالإضافة إلى الجانب الأهم والأخطر والمتمثل في التأثير على سلوكيات واتجاهات الأفراد.

وقد تعددت أنماط القيادة وانتشرت بمسميات عدة ما بين المستبدة والديمقراطية والمتساهلة وغيرها ، كما تعددت أنماط القادة فهناك قائد واقعي ومستبد وديمقراطي ومتساهل ومثالي وغير ذلك من أنماط القادة ، وعلى الرغم من ذلك إلا أن الواجبات القيادية متشابهة إلى حد كبير ، على اختلاف بعض القادة عن غيرهم بصفات عقلية أو شخصية أو غيرها من صفات القائد الناجح.

وتعتبر القيادة الفاعلة النشاط الأعظم والأكثر تأثيراً في أي نظام أو تجمع إنساني فنراها موجودة في الأسرة ، والمدرسة ، والجامعة ، والمنظمات الحكومية وغير الحكومية ، وحتى في المراكز الدينية ، ولعل مقدرة نظام ما على تحقيق أهدافه مرتبط إلى حد كبير بمدى توفر قيادة قادرة على تنسيق جهود الجماعة وتوجيه طاقاتها لتحقيق أماني وتطلعات الجماعة ضمن الموارد المتاحة.

---

(1) هشام يعقوب مريزيق (2008) دراسات في الإدارة التربوية ،ط1 ، دار غيداء للنشر والتوزيع ، عمان ، ص91.

لذا لا يمكن إنكار ما للجهود التشاركية بين أفراد مؤسسة أو تنظيم ما من دور في نجاح وفاعلية تلك المؤسسة أو ذلك التنظيم ، ويمكن بذلك تبرير فشل كثير من المؤسسات أو التنظيمات في أزمنة عدة وردها إلى الأسباب التالية:

- عدم فاعلية القادة .

- الافتقار إلى التعاون بين الأفراد.

- عدم مواكبة الأهداف للمستجدات ولمتطلبات المجتمع واحتياجاته.

وتعتبر القيادة عملية إلهام للأفراد ليقدموا أفضل ما لديهم لتحقيق النتائج المأمولة ، كما تتعلق بتوجيه هؤلاء الأفراد للتقدم في الاتجاه السليم ، وكسب التزامهم وانتمائهم ، والقيادة عملية فنية ترتبط بخصائص الأفراد ، وعلمية ترتبط بالمعرفة والمقدرة على توظيف هذه المعرفة ضمن أُطر وقواعد ونظم وإجراءات محددة ، وعادة لا تكون القيادة في فراغ ، بل ترتبط بموقف معين وتبرز من خلاله ، وفي هذا الصدد يمكن الإشارة إلى أن ثمة مكونات رئيسة لابد من توفرها للجزم بأن هنالك قيادة ، وهذه المكونات هي القائد والأفراد (التابعين أو العاملين) والموقف ، كما ترتبط القيادة عادة بالأهداف ، وينبغي أن تكون الأهداف مشتركة بين جميع الأطراف ، فالقيادة هي المقدرة على التأثير في الآخرين للقيام بأعمالهم في المؤسسة برغبة منهم وبفاعلية لتحقيق الأهداف ، فالمعلم القائد مثلاً هو ذلك المعلم الذي يحقق الأهداف المنشودة بأن يجعل الطلبة مقبلين على التعلّم بأقل وقت و جهد ممكن ، كما أنه المعلم الذي يفهم خصائص طلابه ويؤثر فيهم ليحققوا الأهداف المأمولة من وجودهم في المدرسة.

وتتضمن القيادة التأثير في الآخرين وتوجيههم لتحقيق الأهداف المرجوة، كما تتضمن تنسيق جهودهم لتنمية القوى البشرية وتطوير قدراتها، إضافة إلى صياغة السياسات والاستراتيجيات المتسمة بالمرونة وبالمقدرة على تحقيق الأهداف المأمولة.

وبسبب الثورة الهائلة التي تحدث في المجتمعات فإنه أصبح لزاماً على المؤسسات التربوية تطوير القيادات التربوية والاهتمام بها ووضع مفهوم واضح لها، وذلك لما للقيادة من دور بالغ في العمل على مواجهة متطلبات العصر حيث نجد القيادة التربوية تسعى لتنظيم جهود العاملين التربوية وتنسيقها لتنمية الفرد تنمية شاملة [1]

تعريف القيادة

تسعى القيادة إلى توجيه الأفراد لتحقيق الأهداف، والعمل على تنسيق جهودهم لتنمية القوى البشرية وتطوير القدرات بشكل خاص بما يتلاءم والمصلحة العامة، وتسعى لتحقيق الأهداف المرسومة من خلال النشاطات المتعددة التي تضطلع بها، وقد أسهم العديد من العلماء في وضع تعريفات للقيادة وكانت السمة السائدة لها أنها تتمحور حول معنى عام واضح المعالم يتمثل في أن القيادة تعني المقدرة على التأثير في الآخرين.

---

(1) عبد الله صالح، القيادة التربوية، بحث منشور على شبكة الإنترنت على الموقع الإليكتروني:
http://www.moeforum.net.

جـاءت كلمـة القيـادة مـن الكلمـة الأنجلوسكسـونية [Laedan] والتـي تعنـي الذهاب ، ويمكن توضيحها بأنها التوجيه والإرشاد والإجراء أو أن تكون الأول (في المقدمـة) ، وقد تم تعريف القيادة من عدة نواحٍ منها : مميزات الفـرد ، وأسـلوب القيـادة ، وأنمـاط التفاعل ، وعلاقات الدور ، وتصورات التابعين ، والتأثير على الأتباع ، والتأثير على الأهـداف ، والتأثير على الثقافة التنظيمية[1].

فهذا (موتسن) يعرف القيادة بأنها المقدرة على الإبداع والارتقاء بالأخلاق الكريمـة ، حيث يشير هذا التعريف إلى أهمية الأخلاق والسلوكيات الفردية الموجهة لتحقيـق أهـداف المؤسسة ، أما (ميليس) فقد عرّف القيادة بأنها مجموعة من الإجراءات التي يوظفها الفرد لإقناع تابعيه للقيام بسلوكيات مرغوب فيها برغبة منهم دون إجبار أو إكراه ، وقد عرّفهـا (فيدلر) بأنها التوجيه والتنسيق للعمل مـن خـلال مجموعـة الأفـراد (العـاملين) ، وعرّفهـا (ميرثورن) بأنها عملية ترتبط بالتفاعل بين القائد وبناء العلاقة مع الآخرين ، بحيث يـتم إقناعهم ليقوموا بالعمل الموكل إليهم وليس إجبارهم على القيام به ، إلا أن (بهلينغ) عرّف القيادة مـن منظـور أكـثر شـمولية مـن التعريفـات السـابقة ، فقـد عرّفهـا بأنها مجموعـة الإجـراءات التـي يقـوم بهـا القائـد للتـأثير عـلى الأفـراد في المؤسسـة نحـو إنجـاز الأهـداف الموضوعة والمحددة لهم ، وعرّفها (كامبل) بأنها أعمال تأخـذ بعـين الاعتبار أو تركّـز عـلى الموارد لإيجاد فرص مرغوب فيها في المؤسسة .

---

(1) هشام يعقوب مريزيق ، دراسات في الإدارة التربوية ، م.س ، ص94.

ويمكن تعريف القيادة بأنها : بعد إنساني يربط أفراد تنظيم ما ببعضهم ، ويدفعهم نحو تحقيق الأهداف المأمولة باعتبارها بعداً فاعلاً ونشطاً في زيادة كفاءة المؤسسات التعليمية وتحسين أدوارها وفعالياتها [1] ، ولقد عرفها (أوردري تيد) بأنها : ذلك النشاط الذي يمارسه الشخص للتأثير في الناس ، وجعلهم يتعاونون لتحقيق بعض الأهداف التي يرغبون في تحقيقها ، في حين عرفها (جيبسون) بأنها : أحد أشكال الهيمنة التي بموجبها يقبل التابعون طواعية التوجيه والرقابة من قبل شخص آخر.

ويشير التأثير الذي يمارسه القائد تجاه الأفراد إلى سلوك يقوم به الأول بقصد إحداث التغيير في قيم أو اتجاهات أو سلوكيات العاملين بالطريقة التي يراها مناسبة لذلك ، دون إجبارهم على تقبل هذا السلوك ، بل يتم ذلك برغبتهم واقتناعهم [2] ، وقد بذل ستوغدل – منذ بداية القرن العشرين حتى عقد الستينيات منه – جهوداً عظيمة في تصنيف وتحليل عشرات المحاولات لتعريف القيادة ، فتوصل – بهَدْيٍ منها – إلى أنه يمكن تعريفها بتعريفات عدة منها :

1. المقدرة على توجيه وإدارة الآخرين.

2. عملية مستمرة من التأثير على السلوك.

---

(1) علي محمد منصور (2001) مبادئ الإدارة : أسس ومفاهيم ، مجموعة النيل العربية ، طرابلس، ص211 ، بتصرف.
(2) طارق عبد الحميد البدري (2002) أساسيات في علم إدارة القيادة ، ط1 ، دار الفكر للطباعة والنشر ، عمان ، ص152 ، بتصرف.

3. آلية لتحقيق أهداف و لتغيير أهداف معينة.

4. محاولة السلطة لتوجيه سلوك الأفراد بموافقتهم.

5. إقناع الآخرين لتحقيق الأهداف المحددة بفاعلية.

6. التأثير في الآخرين لتحسين إدراكهم لأهداف المجموعة.

7. التأثير على الأفراد ليكونوا متعاونين تجاه الأهداف المرجوة.

8. التأثير على الأفراد وحثهم على العمل بحماس لإنجاز الأهداف.

9. التأثير على نشاطات فرد أو مجموعة من الأفراد لزيادة الجهد نحو تحقيق الهدف في الموقف المعين.

أما التعريف الذي سيتبناه هذا الكتاب فيرى أنّ القيادة عملية إنسانية تتضمن التفاعل بين القائد والتابعين ضمن موقف معين بحيث يسهم القائد في التأثير على سلوكيات التابعين بشكل يؤدي في المحصلة لتحقيق الأهداف المرجوة للنظام أو المؤسسة.

وينطلق هذا التعريف من وجهة النظر التي ترى بأنّ القيادة تتبلور من خلال عناصر ثلاثة رئيسة هي القائد والتابعين (العاملين) والموقف ، فإذا غاب واحد أو أكثر من هذه العناصر لا تتحقق القيادة بشكل فاعل ولربما لا يصلح إطلاق مسمى القيادة عليها ، كما أنّ القيادة عملية اجتماعية متبادلة بين القائد والتابعين في موقف ما ، بحيث يتم من خلالها التأثير على سلوكيات العاملين ، وإذا نظرنا إلى القيادة على أنها عملية اجتماعية فإنّ هذا يؤكد أن القيادة تتم عن طريق التفاعل بين الأفراد.

ولعل مفهوم القيادة يتجاوز مسألة الاهتمام بالتعريف الإجرائي لها ، فهذا المفهوم يتضمن فكرة هامة مفادها السعي نحو المحافظة على ديمومة القيادة

واستمرارها في تقديم الخدمات المرجوة منها تجـاه الأفراد والمؤسسـات والمجتمـع ككـل ، فالقيادة تشير إلى حصيلة التفاعل الجوهري بين أطراف رئيسية ثلاثة: هـي الموقـف والقائد والعاملين[1].

والقائد الفاعل هو شخص قادر على تحمـل المسـؤولية وعـلى فهـم وتحليـل وإدراك الخبرات المتراكمة ، ولكي يكون القائد فاعلاً فإنه لا ينبغي له إتبـاع مجموعـة مـن القواعـد ، بل إن القيادة عملية فنية (بمعنى أنها ترتبط بخصائص الفرد) وعلمية (بمعنى أنها ترتكـز على أطر وقواعد ونظم وإجراءات) وهذا يعني أنها عملية مكتسبة وليست موروثة ، فعلى القائد أن يكتسب المعرفة والمهارات ومنظومة السلوكيات التي تعده ليكون قائداً.

وهناك العديد من التعريفات التي وردت بشأن مفهوم القائد ، حيث عُرِفَ بأنه[2]

■ الشخصية المركزية التي تتجمع حول الجماعة .

■ مركز الاتصال الذي منه وإليه تنساب معظم الرسائل.

---

(1) هاني عبد الرحمن الطويل (1995) الإدارة التعليمية : مفاهيم وآفاق ، دار وائل للنشر والتوزيع ، عمان ، ص174 ، بتصرف.
(2) وزارة التربية / الكويت ، مهام رئيس قسم التربية الإسلامية وسماته الشخصية في القيادة التربوية ، بحث منشور على شبكة الإنترنت على الموقع الإليكتروني: http://www.moe.edu.kw/pages/sectors/

- الشخص الذي يوجه الآخرين ويحركهم في اتجاهات معينة .
- الرمز والممثل والمتحدث باسم الجماعة في العلاقات الخارجية .
- الشخص الذي يحدد الخطوط العريضة والمقترحات الخاصة بنشاط الجماعة.
- الشخص الذي يؤدي نشاطه إلى نقل الجهاز الإداري من السكون إلى الحركة.
- الشخص الذي يبذل محاولات أكثر من غيره للتأثير على العاملين من أجل تحقيق الأهداف.

والقيادة غير محددة بالجهد المبذول من الفرد الذي يملك موقعاً ما ، وليست مقصورة على شخص له موقع إداري أو دور محدد يقوم به ، أي أنّ القيادة ليست من مصدر احتلال الموقع أو الدور ، فكل فرد في أية مؤسسة يقوم بدور أو عدة أدوار قد تجعل منه قائداً ضمن نطاق عمله ، وبالتالي قد لا يكون القائد هو صاحب السلطة في المؤسسة ؛ لأن القيادة هي المقدرة على التأثير في الآخرين من أجل تحقيق الأهداف المأمولة ، ويتم ذلك من خلال ممارسة الفرد للأدوار القيادية بنجاح.

وفي المقابل ليس بالضرورة أنّ الموقع هو الذي يصنع القائد ، فالقيادة عملية مستمرة ومتطورة ، حيث تتطور من خلال :

1- الخبرة : ذلك أنّ القائد يتعامل مع أفراد يتفاعل معهم و يكتسب منهم مهارات ، هذا إضافة إلى تولّد الخبرة من خلال التغييرات والظروف التي تطرأ على العمل نتيجة للتطور المستمر والتغير المتسارع في الحياة بوجه عام وفي ظروف وحيثيات الأعمال بوجه خاص ، فالقيادة عملية متطورة وليست ثابتة أو جامدة ؛ لأن الأفراد (التابعين) يتطورون ويتغيرون باستمرار.

فالخبرة هي حصيلة تراكمية لعدة أبعاد هي :

- العمل : أي ما يقوم به الفرد باعتباره قيادياً.

- الملاحظة : وتعني المشاهدة الواعية للأحداث ونتائجها ودرجة تأثيرها في الآخرين.

- التأمل في استجابات الأفراد للسلوكيات الصادرة عـن الفـرد (القائـد) ومحاولـة تفسـيرها وتحليلها.

فلابد للقيادي من أن يأخذ هذه الأبعاد بعـين الاعتبار ، وإلا فإنـه لـن يكـون قائـداً فاعلاً ، فالخبرة هـي التي تميز القائد عن غيره وذلك من خلال مقدرته عـلى التصرف اللائـق والمتناسب مع المعطيات المطروحة في المواقف المختلفة ، وفي المقابل إذا كان الفرد (القائد) يعمـل دون ملاحظـة إجـراءات وخطـوات وتتابـع أعمالـه ودرجـة تأثيرهـا ومسـتوى ودلالـة معانيها ، فإنه لن يكون لتلك الأعمال أية قيمة في تعليمه من خبرته ، فالعديد من الأفراد لا يقومون بملاحظة نتائج سلوكياتهم الإداريـة أو درجـة تأثيرهـا عـلى الآخـرين ، لـذا فإنهم لا يتعلمون كيفية إحداث التأثير على هذه الأعمال التي يقومـون بهـا ليصبحوا قـادة أفضـل ، ولعل أفضل وأنجع طريقة لتطوير القياديين هي توظيف الأبعاد الثلاثة السـابقة الـذكر في ممارساتهم وسلوكياتهم القيادية.

ومن الكلمات المضيئة التي أثبتت التجربـة مصـداقيتها ذلك المثل الصيني ، الـذي يمكن ترجمته بما يلي :

Tell me I'll forget , Teach me I'll remember , Involve me I'll learn.

فعندما يسمع الإنسان شيئاً قد ينساه ، وعندما يراه قد يتذكره ، أما عندما يمارسه فإنه يتعلمه ويفهمه ويصبح راسخاً في ذاكرته ، فالممارسة تنمي الخبرة والمهارة في شتى الأعمال.

2- **التعليم والتدريب** : من خلال التعليم والتدريب يتم اكتساب المعارف والمهارات المختلفة ، وفي العادة تضطلع المؤسسات التعليمية كالجامعات والمعاهد ، والبرامج الخاصة لتدريب القياديين وتنميتهم ، بهذه المهمة ، ومن الأقوال الدالة على أهمية التعليم والتدريب المقولة التي مفادها أنه : يمكن للإنسان المتعلم أن يكتسب خبرة في يوم واحد ، أكثر مما يكتسبه إنسان غير متعلم في حياته كلها .

لقد أصبحت القيادة الشغل الشاغل لعديد من الكتاب والباحثين في محاولة منهم لتعريف ماهية القائد الناجح ، وتأتي هذه الجهود للتغلب على المشكلات الكثيرة والصعبة التي تواجهها المؤسسات الحكومية وغير الحكومية ، وازدياد تذمر المواطنين من تدني مستوى أداء كثير من المؤسسات وعلى رأسها المؤسسات الحكومية في العالم بشكل عام وفي الدول النامية بشكل خاص ، مما حث الباحثين على مواصلة جهودهم ؛ لإدراكهم بأن للقيادة الدور الرئيس في تحقيق أهداف المؤسسات والمجتمع على حد سواء ، وبالتالي الوصول بالمجتمع ككل إلى الرفاهية المنشودة.

فالقيادة إذاً عملية تأثير على الفرد أو المجموعة لتحقيق الأهداف المرجوة بفاعلية ، ولكي يتم استيعاب مفهوم القيادة بشكل واضح ، لا بد من التفريق بين مفهوم التأثير ومفاهيم أخرى كالقوة والسلطة ، فهذان المفهومان يوظفان أساليب عدة من بينها المكافآت والعقوبات لتحقيق الأهداف وتغيير

29

السلوكيات ، أما التأثير فيتضمن تغيير سلوك فرد أو مجموعة دون استخدام أسلوب المكافأة والعقاب.

الفرق بين القيادة والإدارة

يهتم المدير عادة بالقيام بعمليات التخطيط والتنظيم والتنسيق والإشراف والتقييم ، وإنجاز الأعمال الإدارية اليومية التي تتطلبها مهنته ويطور نفسه مهنياً لإفادة المؤسسة التي يعمل فيها بكل جديد في نطاق تخصصه ، فينبغي لأي مدير يسعى لنجاح مؤسسته أن يبدأ بوضع خطة شاملة تتسم بالمرونة والواقعية والشمول بحيث يراعي فيها إمكانيات المؤسسة والظروف المحيطة بها ، ولا بد له من إشراك العاملين معه في وضع الخطة وصياغتها لضمان أكبر قدر من التوثيق في تنفيذ بنودها ، كما يفترض بالمدير القيام بالعمل فعلياً في ضوء ما تم التخطيط له وذلك ضمن الأنظمة والقوانين المعمول بها ، ولا بد أيضاً أن يتم التنفيذ بشكل تعاوني ، وأن يطلع على أعمال الأقسام المختلفة في المؤسسة ، وتوجيه العاملين والإشراف عليهم وعقد اللقاءات المستمرة معهم ، وتشجيع المتميزين منهم .

هذا وتعتبر المتابعة مساعداً في استمرار نجاح أي عمل ، إذ إن أي عمل لا يتابع لا بد له أن يفشل ولا يحقق أهدافه ، و لا بد أن تتسم المتابعة بالاستمرارية والشمول ، هذا إلى جانب ضرورة الوقوف على مدى نجاح التنفيذ أو عدمه ، ويتضمن ذلك ملاحظة ما تم تنفيذه من أهداف وتقويمها ، ومعرفة الصعوبات والعقبات التي واجهت عملية التنفيذ ووضع الحلول لمواجهتها في المرات القادمة ، ويشكل التقييم عملية مراجعة شاملة للعمل ومعرفة إنجازات وإخفاقات التنفيذ خلال العام واتخاذ القرارات الحاسمة

بشأنها، فاتخاذ القرار المناسب بعد جمع الحقائق والأفكار وتحليلها وتفسيرها استنادا إلى نظرية مناسبة ، يعتبر لب العملية الإدارية أو خلاصة الإدارة ، فالإدارة سلوك عام في أي تنظيم إنساني ، وهي عملية ضبط وتوجيه لهذا التنظيم فتكون وظيفتها تطوير وتنظيم اتخاذ القرارات في ضوء علاقة إرتباطية لا انفرادية بين الإداري والعاملين(1).

وثمة من يرى أن الإدارة جزء من القيادة ، وهناك من يرى أن القيادة جزء من الإدارة وهناك من يرى أن كل قائد يستطيع أن يكون مديراً ناجحاً ، ولكن ليس كل مدير يستطيع أن يكون قائداً ناجحاً ، إلا أن اختلاف الآراء لا يعني أن هناك فرقاً جوهرياً بين الإدارة والقيادة فيكاد يخلط كثير من الناس بينهما لكون كل منهما يتضمن إدارة العنصر البشري ، إلا أنه في واقع الحياة العملية نرى أن إدارة المنظمة يقصد بها تسيير المنظمة بأفرادها وأنظمتها من خلال العمليات الإدارية المختلفة القائمة على التخطيط والتنظيم وإصدار الأوامر والتنسيق والرقابة بموجب تعليمات صادرة من المدير في الغالب مستندة إلى نظام عمل محدد مسبقاً يسير عليه العاملون وبالتالي فأن الإدارة قد تتضمن أحياناً الروتين، والانغلاق وغير ذلك من مظاهر الضبط والتقنية، وبالتالي فهي تتمركز على الطاقات المادية والعضلية .

---

(1) أحمد محمد الطبيب (1999) الإدارة التعليمية أصولها وتطبيقاتها المعاصرة ، ط1 ، المكتب الجامعي الحديث ، ليبيا ، بتصرف.

ويرى البعض أن الفرق بين الإدارة والقيادة يكمـن في أن الإدارة في المـيدان التربوي تسعى إلى تنفيذ المهام والواجبات التي تجعل من الظروف والموارد المتاحة وسائل مسـاعدة في تحسين العملية التربوية وزيادة كفاءتها وفاعليتها ، أما القيادة فهي بالإضافة إلى ما سـبق تسعى إلى صياغة الأهداف طويلة المـدى بغية تنفيذها وإنجازها علـى المـدى البعيـد ، فالقيادة بذلك تعتبر أعم وأشمل من الإدارة[1] ، فيما يرى آخـرون[2] أن الفرق بـين القيـادة والإدارة يتلخص فيما يلي:

1- تعتبر القيادة سمة يتسم بها فرد ما ، أما الإدارة فهي علم يتضمن فنيات معينة.

2- تتضمن القيادة تحليلاً للمواقف ولظروفها بقصد التوصل إلى نتيجة وقرار إبداعي ، أمـا الإدارة فهي تتعامل مع الوضع الراهن وتتبع تعليمات محددة.

3- تسعى القيادة نحو الفاعلية والإبداع ، أما الإدارة فتسعى إلى إثبات كفاءتها في التعامـل مع الأحداث والقضايا.

4- تتضمن القيادة استثمار وتوظيف الموارد المتاحة بالطريقة الفضلى ، أمـا الإدارة فتكتفـي بتنسيق الموارد بما يلائم العمل.

ويرى (باس) أن القياديين يديرون والإداريون يقودون ، إذ أن الإداري يرتكـز علـى مفـاهيم تختلـف عـن تلـك التـي لـدى القائـد ، وبالتـالي تختلـف المنظومـة

---

(1) يوسف نبراي (1993) الإدارة المدرسية الحديثة ، مكتبة الفلاح ، الكويت ، ص30 ، بتصرف.
(2) صلاح عبد الحميد مصطفى (2002) الإدارة المدرسية في ضوء الفكر الإداري المعاصر ، دار المريخ للنشر ، الرياض ، ص36 ، بتصرف.

القيمية لدى القائد عنها لدى الإداري ، فغاية الإدارة أن تستمر المؤسسة في العمل - هذا من المنظور الكلاسيكي - ، ويتم ذلك من مجمل التعقيدات الإنسانية ، فالإدارة تسعى عادة نحو استمرارية العمل وفق معاييرها ، فالعمل الذي يقوم به الإداري عمل تقليدي في مجمله ويتضمن التوجيه والتنسيق والسيطرة على المؤسسة.

ويرى البعض أن لدى القائد بعد نظر وهو انفعالي ومبدع ومرن وملهب للمشاعر ، إضافة إلى كونه تجريبياً ومبتكراً ومبادراً بالتغيير ، كما يستمد قوته من شخصيته القوية ، ولا يخفى ما لديه من الجرأة والشجاعة وسعة الخيال، أما المدير فهو عقلاني واستشاري ومثابر وتحليلي ، ولا يمكن إغفال أنه يتسم بكثير من الديكتاتورية ، وفي المقابل فهو مستقر ويستمد قوته من منصبه في ظل واقعية التفكير التي يتمتع بها[1].

إن مجمل النظريات الإدارية التقليدية لم تعط وزناً للعلاقات الإنسانية والتفاعلية بين الإداريين والتابعين للوصول إلى الهدف من المؤسسة ؛ لأن هذه العمليات التفاعلية والتي غالباً ما تكون وجهاً لوجه تمثل جوهر العلاقة بين القيادي وتابعيه ، وهي أحد أهم الأعمال الرئيسة للقيادة ، ويبدي القياديون اهتمامهم لحل المشكلات بين العاملين ودعمهم معنوياً ، ويبذلون جهوداً حثيثة لإبقاء الأفراد في المؤسسة كمجموعة متماسكة والوصول بهم إلى درجة عالية من الرضا.

---

(1) زيد منير عبوي (2007) القيادة ودورها في العملية الإدارية ، ط1، دار البداية للنشر والتوزيع، عمان ، ص71 - 72 ، بتصرف.

وتختلف القيادة عن الإدارة في أنها تعني إدارة البنية الهيكلية المتكاملة للمنظمة والتفاعل بين أقسامها وعناصرها معنوياً وعاطفياً وفكرياً لتحقيق الأهداف ، آخذة بالاعتبار واقعها والظروف المحيطة بها ورضا أفرادها ، وأولئك الذين ينظرون إليها بعين الاعتبار والتقدير، أو المنافسين الذين يسابقونها في ميادين العمل وبالتالي فهي تتمركز على الفكر والطاقة الروحية للأفراد والنظام الأسري في الارتباطات والتعاون والمحبة المتبادلة بين الجميع، ومن الواضح أن أي تجمع بشري يحتاج من أجل دوام سير عمله وبقائه مستقراً إلى قيادة فعالة قادرة على تسيير الأمور بطريقة فعالة تحقق طموحات الإنسان[1].

فالمدير يمكن أن يعين ، لكن القيادة لا بد أن تكتسب ، فبعد التعيين في مركز إداري قد لا يتمتع الإداري بصفات قيادية ، فالقيادة ليست مركزاً في منظمة ، وإنما هي نشاط وتأثير على قوة ، وهي ليست مستندة على الموقع أو المنزلة ولكن على السلطة والهيبة والجاذبية والسمعة ، وقد تأتي القيادة من الحماس الشخصي- والسلطة الشخصية والمصداقية والمعرفة والمهارة والجاذبية ، وهي مشتقة من تأثير القائد على أتباعه ، وبناءً على ذلك فإن الرئيس يحتل المنصب الأعلى.

والقيادة واحدة من الوظائف الأربع التي تشكل العملية الإدارية وهي: التخطيط للأهداف ، وتنظيم الموارد لتحويل الخطط إلى إجراءات ، والقيادة التي تعزز الالتزام والحماس الذي يحتاجه الأفراد لتطبيق مواهبهم بالكامل للمساعدة في إنجاز الخطط ، وأخيراً السيطرة التي تجعل الأمور على ما يرام كما

---

(1) هاني عبد الرحمن الطويل ، الإدارة التعليمية : مفاهيم وآفاق ، م.س.

يراد لها أن تكون ، ويرى (فايول) أن هناك أربع وظائف رئيسة للمدير هي التخطيط والتنظيم والقيادة والسيطرة ، ويحدد (كوتير) وظيفة أساسية للقائد تتمثل في تحديد الهدف الأساسي أو مهمة المنظمة ، والإستراتيجية اللازمة لإنجاز هذا الهدف أو المهمة ، وعليه فإن وظيفة المدير تطبيق تلك الرؤية .

ويعد تزويد المنظمة بالنظام والتناسق أهم وظائف الإدارة ، أما الوظيفة الأساسية للقيادة فهي إحداث التغيير والحركة للمنظمة ، فالإدارة تسعى نحو النظام والإستقرار ، أما القيادة فتسعى نحو التغيير التكيفي والبناء ، وبالرغم من أن هناك ثمة إختلافات واضحة بين الإدارة والقيادة ، إلا أن هنالك قدراً كبيراً من التداخل والتطابق ، فعندما يحاول المدراء التأثير على مجموعة من الأفراد لتحقيق أهداف معينة ، فإنهم يشتركون في القيادة ، وعندما يقوم القادة بالتخطيط والتنظيم ويسيطرون على الكادر فإنهم يشتركون في الإدارة ، وبذلك فإن كلتا العمليتين تتضمنان التأثير على مجموعة الأفراد لتحقيق الهدف[1] .

وأشار (سالزنيك) إلى أنه من الصعوبة بمكان إحداث التغيير في الأفراد إذا كان الأفراد ذوي شخصيات مختلفة ، لذا فإنه ليس من الفاعلية أو ربما قد يكون ذلك مضيعة للوقت أن تحاول تعليم مهارات الإدارة لشخص ما بطبيعته قائداً ، أو أن تحاول تعليم مهارات القيادة لشخص ما بطبيعته إدارياً ، ولعل هذا يشير إلى خصائص الأفراد وأطرهم الفكرية التي ينتهجون بناءً عليها فلسفة العمل في المؤسسات، ويرى (بينيس) أن المدير والقائد يختلفان عن بعضهما

(1) هشام يعقوب مريزيق ، دراسات في الإدارة التربوية ، م.س ، ص93.

اختلافاً جذرياً ، حيث أشار إلى عدد من الفروقات التي يمكن أن تميـز بـين الإداري والقائـد ، ومنها[1]:

1 – أن الإداري يقوم بالأعمال الإدارية المختلفة ويلتـزم بهـا إذا كـان إداريـاً ناجحـاً ، بينما يقوم القيادي بالأعمال الإدارية إضافة لكونه مبدعاً ومبتكراً.

2 – أن الإداري يُصلح ما يراه خطأً ، أما القيادي فهو يُصلح ويطور.

3 – أن الإداري مُسيطر ، أما القيادي فهو مُلهم للآخرين (التابعين).

4 – أن نظرة الإداري قصيرة المدى ، أما نظرة القيادي فهي بعيدة المدى.

5 – أن الإداري يسلّم بـالأمر الواقع (يسـأل : كيـف ، ومتـى) ، أمـا القيـادي فإنـه يحاول تفسير الظواهر والسلوكيات (يسأل : ماذا ، ولماذا).

6 – أن الإداري يقوم بالتقليد فهو ينفذ الأوامر المرسومة له مسبقاً ، أما القيادي فهو مبدع ومطوِّر.

7 – قرارات الإداري روتينية ، أما القيادي فقراراته إبداعية فالقيادي يحاول أن يـأتي بالجديد المفيد في عمله.

8 – أن الإداري يقبل الوضع الموجود فيه بحاله وقيوده ويحاول التـأقلم معـه ، أمـا القيادي فإنه يتحدى الوضع القائم ويحاول تغييره نحو الأفضل.

---

(1) سلامة طناش(2006) ، نظريات القيادة التربوية ، محاضرات جامعية لطلبة برنامج الدراسات العليا فـي الإدارة التربوية / الجامعة الأردنية ، عمان.

9 - أن الإداري يفعل الأشياء بشكل صحيح (يطبق التعليمات) ، أما القيادي فإنه يفعل الصحيح بالأشياء(أي أنه يستثمر المعطيات المتوفرة لديه للوصول إلى القرار الصائب).

ويمكن تبيان الفرق بين المدير والقائد ، كما في الجدول الآتي:

المدير	القائد
يترأس مجموعة من الأفراد بعد تعيينه عليهم من قبل سلطة عليا	يكسب أتباعه بفضل تأثيره عليهم
يسعى إلى مواكبة التغييرات والمستجدات	يسعى إلى صناعة التغيير بنفسه
يرضى بالوضع الراهن	يرفض الجمود ويسعى إلى النمو والتطور المستمران
يطبق التعليمات واللوائح	يتخذ القرار مع مراعاة أسس الثقافة السائدة والقيم
يضع نفسه في موقف محايد إزاء عمليات اتخاذ القرار	يندمج مع الآخرين ويتعاون معهم بغية الوصول إلى القرار الرشيد
يستغل منصبه لتحقيق أهداف المؤسسة	يستثمر قوة شخصيته لإقناع الأفراد بآليات تحقيق الأهداف

أهمية القيادة

تبرز أهمية القيادة من طبيعة الحاجة لها سواء أكان ذلك على المستوى الرسمي أم غير الرسمي، ويتجلى دور القيادة الفاعلة في المواقف التي تتطلب تنظيماً وتوجيهاً لترتيب حيثيات العمل والوصول إلى صنع واتخاذ القرار الرشيد الذي يؤدي في المحصلة إلى التقدم والتطور، ولعل ذلك يظهر جلياً في المجتمعات السائرة على طريق النمو (الدول النامية) حيث يسهم القائد الفاعل في زيادة وتيرة التقدم والازدهار من خلال الجهود العظيمة التي يبذلها مع الأفراد لتصحيح المسارات والتوجهات في الميادين كافة ، ولا يختلف الأمر كثيراً حين نتحدث عن المؤسسات المختلفة ، فإذا توفر قائد فاعل في هذه المؤسسة أو تلك ، فإن العمل فيها سيأخذ صبغة الجدية والمثابرة ، وذلك بما يقدمه القائد من أسس وأساليب متنوعة ترفد العمل ضمن جو ملؤه التعاون والتفاني من أجل المنفعة العامة للمؤسسة ، وعليه فإن القيادة الفاعلة هي العنصر الأبرز والمعوّل عليه في درجة تحقيق التقدم أو عدمه في مسيرة المؤسسة.

كما تبرز أهمية القيادة من خلال الوظائف التي تقوم بها ، ومن المعلوم أن الوظيفة الرئيسة للقيادة تتمثل في إحداث التغيير والدينامية في عمل المؤسسة، إضافة إلى إحداث التأثير على سلوكيات الأفراد لإنجاز الأهداف المأمولة.

أما في المؤسسة التربوية فإن أهمية القيادة تظهر جلية من خلال عوامل ومعطيات عدة ، وهي بالإضافة إلى ما سبق : تنمية علاقات التفاعل والتعاون مع الآخرين من أعضاء المؤسسة التربوية ، ويكون ذلك من خلال الدخول في حوارات بناءة تتناول كل ما يستجد من قضايا تهم الميدان التربوي ، وتأخذ بعين الاعتبار تلك الاتجاهات والقيم المستحدثة على المستويين المحلي والعالمي ،

هذا بالإضافة إلى ما يقوم به القائد التربوي من توضيح لما يستجد في العلوم التربوية والوسائل التكنولوجية الحديثة في المجال التعليمي ، فالقائد التربوي الفاعل يتسم بسعة الاطلاع تجاه القضايا المعاصرة في كافة الميادين ومن بينها الميدان التربوي ، الأمر الذي يمكنه من اكتساب المعرفة اللازمة لتوجيه الأفراد وتنظيم جهودهم ، ويجدر التنويه في هذا الصدد إلى ما لمقدرة القائد التربوي على تلمّس احتياجات ومتطلبات الأفراد ومراعاته للفروق الفردية بينهم وتعرّف ميولهم ودوافعهم من أثر في إبراز أهمية القيادة التربوية وتبيان أثرها في خدمة المصلحة العامة للمؤسسة التربوية وتمكينها من تحقيق أهدافها.

وتقوم القيادات التربوية بدور هام وفعال وذلك لتحقيق النجاح المرغوب وصولاً للأهداف التربوية والتعليمية ، ويتوقف العطاء الفعال للإدارة التعليمية على ما تتمتع به القيادة فيها من وعى وإدراك فيما تقوم به من تخطيط لاستمراريته، ويدل على ذلك ما ألمحت إليه الدراسات التي تناولت العنصر الإنساني في التنظيم من حيث التأهيل والخبرة ، وتعتبر الكوادر القيادية من المدخلات الرئيسة في النظام التربوي الذي لا يحقق أهدافه دون توفر الكوادر المؤهلة والمؤمنة برسالة التعليم إلا أن مشكلة النظم التربوية المعاصرة تكمن في نقص العناصر القيادية المؤهلة والمميزة بخصائص وسمات الفرد القادر على القيام بهذه المهمة [1]

_____

(1) عبد الله صالح ، القيادة التربوية ، م.س

الحاجة إلى القيادة

تعتبر القيادة عملية إنسانية في المقام الأول ، ذلك أنها تتضمن منظومة من العلاقات والتفاعلات بين القائد والمحيطين به ، ومن خلال هذه العلاقات يسعى القائد إلى استثمار الموارد البشرية بالطريقة الفضلى التي تكفل تحقيق الأهداف المرجوة ، لذا تظهر الحاجة إلى القائد التربوي الفاعل والمتميز والقادر على تنسيق الجهود وتنظيم الموارد المتاحة.

وعليه فإن الحاجة إلى القيادة الفاعلة تزايدت في ظل حدوث جملة من التغييرات في البيئة التنظيمية في كافة الميادين ومن بينها الميدان التربوي ، فمع تزايد معرفة وخبرة العاملين تظهر الحاجة لديهم للمشاركة في صنع واتخاذ القرارات ، ومع تزايد وتيرة الاهتمام بالعمل الجماعي والتعاوني بما يتضمنه من علاقات تفاعلية ، أضحت الحاجة أكيدة لوجود قيادة فاعلة تسهم في تنسيق الجهود الرامية إلى تطوير عمل المؤسسات بأفضل الطرق الممكنة ، وهذا لا يكون إلا بتوفر قائد مدرك لحيثيات العمل مع المجموعات المتباينة في المواقف والتوجهات والميول.

ولا يخفى ما للقيادة الفاعلة من أثر في توجيه العاملين وحثهم على التميز والإبداع في أعمالهم من خلال القيام بواجباتهم الموكولة إليهم بجدية وحزم ومثابرة مستمرة ، هذا بالإضافة إلى ما للقيادة من أثر فاعل في إحداث التغيير الإيجابي المنشود في أية مؤسسة ، حيث تعتبر حجر الأساس في ذلك ، وهذا يعتمد على مقدرة القائد على إقناع العاملين على بذل مزيد من الجهد لتحقيق الأهداف وتحسين مستوى إنتاجيتهم ، ولعل ذلك ما يبرر تزايد الحاجة إلى القيادة الرشيدة في المؤسسات عموماً وفي المؤسسات التربوية على وجه الخصوص.

40

صفات القائد الفاعل

يعتبر القائد في أية مؤسسة سواء أكانت تربوية أم غير تربوية محط أنظار العاملين ومحور اهتمامهم ، وذلك من منظور أن نجاح وفاعلية هذا القائد دليل واضح على نجاح وفاعلية المؤسسة ، هذا ويكتسب القائد الناجح صفات عدة يتمتع بها أثناء عمله في المؤسسة التربوية ، تلك الصفات التي يلحظها العاملون معه ، فيستمدون منها الإقبال على العمل ويستشرفون مستقبل مؤسستهم ، ومن تلك الصفات:

● احترام مشاعر وإحساسات الآخرين : وهذا يعني التعامل مع العاملين بإنسانية ولطف ، وعدم إهانتهم ، ويكون ذلك من خلال تعرف احتياجاتهم وميولهم ورغباتهم واستعداداتهم.

● امتلاك مهارات الاتصال والتواصل : حيث يكون قادراً على كتابة التقارير ، ويمتلك أساليب الحوار البناء ، والمقدرة على الإقناع والإصغاء للعاملين وتقبل واحترام آرائهم ومقترحاتهم [1] ويمكن الزعم في هذا الصدد بأن الاتصال يمثل جوهر عملية القيادة ، حيث لا يمكن للقائد أن يمارس التأثير الهادف إلى تغيير الأفراد دون أن يمتلك المقدرة على التواصل معهم من خلال مخاطبتهم وملاحظتهم والاستماع إليهم ، فإذا فشل في ذلك فقد فشل في قيادتهم وفي التأثير عليهم.

---

(1) محمد عبد الغني هلال (1996) مهارات قيادة الآخرين ، دار الكتب ، القاهرة ، ص5 ، بتصرف.

41

- **المقدرة على التخطيط السليم** . فالتخطيط هو أساس نجاح الأعمال كافة ، البسيطة والمعقدة منها ، إذ يعتبر التخطيط ضمانة أكيدة لحسن سير العمل من خلال التنبؤ بالمستقبل ، فإن استطاع القائد التخطيط لعمله بشكل سليم استطاع الإحاطة بكافة معطيات النظام الذي يقوده ، وإن فشل في ذلك فسيحدث الإرباك في العمل وستفشل القيادة.

- **المقدرة على المبادرة** : فالقائد يعتبر قدوة للمحيطين به من أفراد المؤسسة ، وبذلك فإن العاملين يحذون حذوه في كل سلوك ، وعليه فإن على القائد أن يكون مدركاً لأهمية امتلاكه لزمام المبادرة في الأمور كلها داخل المؤسسة ليأخذ منه بقية الأفراد الدروس والعبر ، ويحسنون من سلوكياتهم وطرق تصرفهم ويتعاونون معه لتحقيق أهداف المؤسسة.

- **المقدرة الفائقة على صنع واتخاذ القرارات** : وهذا ليس بالأمر السهل ، إذ إنه يتطلب جهوداً مضنية للتمكن من صنع قرار فاعل ، فالأمر يتطلب إحاطة تامة بكل معطيات وظروف المؤسسة ، كما يتطلب مهارات خاصة تتعلق بطرق الحصول على المعلومات وتصنيفها وتحليلها واختيار المناسب منها لصياغة موضوع القرار المراد صنعه واتخاذه[1]

- **المقدرة على الضبط** : فلابد أن تتولد لدى القائد الرغبة والمقدرة على ضبط كافة جوانب العمل في المؤسسة ، وذلك ليتمكن من توجيه الأفراد وتنظيم سلوكياتهم على الوجه الأمثل.

---

(1) كامل محمد المغربي (1995) السلوك التنظيمي ، ط2 ، دار الفكر للنشر والتوزيع ، عمان ، ص201 ، بتصرف.

● **المقدرة على التنظيم :** فمن أهم سمات القائد الفاعل أنه يرفض العشـوائية أو الارتبـاك في العمل ، لذا فإنه يبقى حريصاً على تنظيم العمل من خلال تصنيف الواجبات والمهـمات وتوزيعها بما يلائم مستويات وقدرات العاملين.

● **المقدرة على التكيف :** وهـي صـفة في غايـة الحساسـية ؛ وذلـك لأن القائـد ملـزم بالتعـاون وتقبل الآخرين ليتمكن من التأثير عليهم ، وهذا يتطلب الرغبة والاستعداد والمقدرة على التكيف معهم لإحداث التأثير والتغيير المنشود.

ويرى آخرون [1] أن القائد الفاعل يتمتع بصفات متعددة منها :

01. التحلي بروح الالتزام تجاه الأعمال.

02. امتلاك الدافعية للإنجاز والإبداع والتحفيز.

03. النشاط العالي في القضايا الهامة والحساسة.

04. صقل المقاييس العليا للأخلاقيات الشخصية.

05. القدرة على الإنجاز فيما يتعلق بأولويات العمل.

06. امتلاك الشجاعة والجرأة على مواجهة التحديات.

07. امتلاك شخصية ايجابية التأثير على القيادة الواعية.

08. مساعدة الآخرين على النمو والتطور المهني وصقل خبراتهم.

09. القدرة علي تقييم الطاقات والقدرات الداخلية للعاملين معه.

---

(1) زيد منير عبوي ، القيادة ودورها في العملية الإدارية ، م.س ، ص28، بتصرف.

وثمـة مـن يـرى أن الصـفات القياديـة يمكـن تصـنيفها إلى جـانبن : شخصي ـ (ذاتي)
وقيادي (مهني)، وذلك على النحو التالي:

أولاً : الصفات الشخصية ، وتشمل :

● المرونة.

● حسن الهندام.

● الأخلاق العالية.

● الهدوء والانضباط.

● الاتزان النفسي والانفعالي.

● العقلانية في اتخاذ القرارات.

ثانياً : الصفات القيادية ، وتشمل :

● الاعتراف بالخطأ وتقبل النقد.

● العدالة في التعامل مع الآخرين.

● المقدرة على اتخاذ القرارات الرشيدة.

● الثقة العالية بالنفس وبالقدرات القيادية.

● التحلي بروح الديمقراطية في التعاملات.

● إدراك اللوائح والتعليمات المعمول بها في المؤسسة.

● رسم صورة مشرقة عن نفسه أمام الآخرين فيكون قدوة لهم.

● المقدرة على تحديد جوانب القوة وجوانب الضعف في العمل بشكل عام.

أخيراً يمكن وصف القائد الفاعل بصفات متعددة أخرى من أهمها:

1- التواضع وعدم التكبر.

2- التكامل الشخصي والأمانة.

3- الدفء في العلاقات الشخصية.

4- الثقة بالنفس بصورة يمكن أن يشعر بها الآخرون.

5- السعي للحصول على الاحترام وليس على الشعبية.

6- الحماسة لإنجاز الأشياء التي يمكن من خلالها الاتصال بالآخرين.

مهام ووظائف القائد

تعتبر القيادة وسيلة فاعلة للوصول إلى غاية محددة ، وهي تحقيق أهداف المنظمة بالطريقة الفضلى ، ولأجل تحقيق هـذه الغايـة تضطلع القيـادة الفاعلـة بمهـام ووظائف متعددة إن قام بها القائد خير قيام أدى ذلك إلى نجاح القيادة في تحقيق الأهداف المرسومة ، وتلك الوظائف هي:

أولاً : التخطيط

وهو الوظيفة الأولى من وظائف القيادة ، وتتضمن إدراكاً حصيفاً لماهية النظام المراد قيادته وتعرف كافة عناصره ، والتفكير بإجراءات كفيلة بالسير به نحو التقدم ، والتنبؤ بكل ما قد يحدث في المستقبل ، استناداً إلى الوضع القائم وبناءً على مـا يقـرر القائد عمله تجاه الموارد البشرية والمادية المتوفرة داخل ذلك النظام ، والتخطيط لا يتضمن أيـة آليـة تنفيذية بل إنه عملية نظرية تشمل صياغة الأهـداف العامـة والخاصـة ورسـم السياسـات ووضع الآليات والتدابير الإجرائية واستثمار الموارد المتاحة بما يخدم مصلحة المؤسسة.

45

إذاً فالتخطيط وظيفة هامة من وظائف القائد ، وذلك لأن هذه الوظيفة تمكّن القائد من التفكير الجاد بالمهام التي ينبغي عليه إنجازها بشكل فاعل ، كما يمكنه من تعريف العاملين معه بالأهداف المنوي تحقيقها ، وبالتالي فإنه يصغي باهتمام إلى آرائهم ومقترحاتهم حول تلك الأهداف ، ويتعاون معهم في جعلها أكثر وضوحاً ومرونة وقابلية للتحقيق.

وفي الميدان التربوي ينبغي على القائد التربوي أن يسعى نحو التميز والإبداع في عمله التربوي ، وذلك لوضع خطة شاملة تتسم بالمرونة والتكامل والواقعية ومراعاة الموارد المتاحة والظروف الراهنة ، ولضمان مصداقية وقوة هذه الخطة لابد للقائد التربوي من التعاون مع العاملين معه في صياغة أهداف وبنود الخطة.

ثانياً : التنظيم

ويعني التنظيم الابتعاد عن العشوائية والعبثية في العمل ، حيث تتطلب السرعة والدقة لإنجاز أي عمل أن يكون جو هذا العمل منظماً وواضحاً ، ويتضمن التنظيم تحديداً للواجبات والمسؤوليات والمهام المناطة بالعاملين كل حسب مستواه وكفاءته وخبرته وميوله ، ويعتبر التنظيم أولى الخطوات التطبيقية في وظائف القائد ، ولعل من أبرز أساليب التنظيم توزيع العاملين ضمن مجموعات تتمتع بالقدرة والكفاءة والفاعلية ، وتتسم بروح الفريق الواحد والمتعاون لمواجهة التحديات ، كما يتضمن التنظيم تعزيز قيم الانتماء للمؤسسة وتشجيع العاملين على العمل التعاوني لخدمة أغراض المؤسسة ومراميها ، وهنا يظهر دور القائد الفاعل جلياً في التعامل مع التحديات والعوائق التي قد تحول

دون تنظيم العمل ومن الأمثلة على تلك التحديات الخلافات الشخصية بين العاملين ، وقلـة الموارد المالية ، وضيق الوقت ، وغيرها.

ثالثاً : الاتصال

يتضمن الاتصال تبادل المعلومات والأفكار بين الأفراد بطرق متعـددة ، ومع زيـادة الدقة والتعقيد في المنظمات والتخصصات وحتى في العلاقات الاجتماعية ازدادت الحاجة إلى توظيف الاتصال في المنظمات والمؤسسات بأسلوب علمـي محكـم ، ويعتـبر الاتصال عمليـة ضروريـة تسـاعد القائد التربـوي عـلى وضع العـاملين معـه في صورة الوضع أو الموقـف ، وتعريفهم بالأهداف التي تسعى المؤسسة إلى تحقيقها ، وهذا أمر ضروري لاتخاذ القرارات الرشيدة ، هذا بالإضافة إلى الدور بالغ الأهمية الذي تلعبه عملية الاتصال في باقي الوظائف التي يقوم بها القائد ، ويمكن الزعم بأن فاعلية القائد تتـأثر إلى حـد كبـير بدرجـة استثماره لعملية الاتصال مع العاملين معه.

وفي الميدان التربوي يمكن للقائد أن يحسن من بيئة العمل إلى درجة كبيرة من خلال حسن توظيف عمليـة الاتصال الفاعل داخل المؤسسـة التربويـة ، وذلك مـن خـلال تقويـة العلاقـة والعمل على استمراريتها مع الآخرين بفعل الاتصال الفاعـل والسـليم ، وهنا يظهـر دور القائد جلياً في رأب أي صدع قائم بين الأفراد أو بين المسـتويات المختلفـة في المؤسسة ، وذلك من خلال المبادرة في تنمية وسائل الاتصال بينه وبين العاملين معه.

رابعاً : التوجيه

ويعنـي ذلـك إعـلام العـاملين بطرق مختلفـة أساليب العمـل والإنتاج ، وتعـريفهم بالوسـائل الكفيلـة بإنجـاز الأهـداف بأقـل وقـت وجهـد ممكنـين ،

ويضطلع القائد في هذا الصدد بأدوار حيوية لتحسين سير العمل ، فهو وفقاً لهذه الوظيفة يطلع على طبيعة الأعمال المختلفة داخل المؤسسة ، ويعمل على إرشاد العاملين والاطمئنان على حسن تنفيذهم للأعمال ، وذلك من خلال عقد اللقاءات الفردية والجماعية معهم بشكل متواصل ، وذلك للتمكن من تنمية جوانب القوة ، ومعالجة جوانب الضعف.

خامساً : المتابعة المستمرة

وهي وظيفة هامة من وظائف القيادة ، إذ إنها تتسم بالشمول والاستمرارية ، فالمتابعة تتدخل في كافة جوانب العمل القيادي ، وإذا لم يعمل القائد على متابعة الأعمال باستمرار منذ البداية وحتى النهاية ، وذلك لضمان حسن الالتزام بالأعمال بما تتضمنه من واجبات ومسؤوليات ، فالقائد الناجح هو القائد الذي يسعى إلى تحقيق الأهداف المأمولة لذا فإنه لا يدخر جهداً من أجل تحسين الجهود المبذولة من العاملين ، وذلك من خلال متابعتهم وتقييمهم بشكل مستمر ، وتعتبر المتابعة عملية مساعدة في استمرار نجاح القيادة ، فأي عمل لا تتم متابعته لا بد له أن يفشل ولا يحقق أهدافه.

سادساً : التقييم

وتشير هذه الوظيفة إلى ملاحظة القائد لعمليات تنفيذ الواجبات والمهمات الموكولة إلى الأفراد وتعرّف درجة نجاحهم في ذلك ، هذا بالإضافة إلى تعرف جوانب القوة والضعف في العمل ، وتعرف التحديات والمشكلات التي تواجه العاملين أثناء تنفيذ الواجبات المناطة بهم ، وبمعنى آخر فإن التقييم عبارة عن مراجعة شاملة للعمل بكافة مراحله لتعرف درجة إنجاز الأهداف المحددة وتعرف الجوانب الإيجابية وتنميتها والجوانب السلبية ومعالجتها ، وذلك من

أجل إصدار الأحكام الصائبة واتخاذ القرارات الملائمة لاستمرارية العمل بنجاح.

ويؤكد الطويل[1] على أن القائد التربوي تقع عليه المسؤوليات والمهام التالية:

1- العمل التعاوني في صنع واتخاذ القرارات.

2- توظيف الاتصال الفاعل على كافة المستويات.

3- تشجيع العاملين (المعلمين) على النمو المهني.

4- توفير البيئة التعليمية التعلمية المناسبة ضمن الإمكانات المتاحة.

5- التخطيط المنظم لمواجهة كافة التحديات ولاستثمار جميع الطاقات.

6- مواكبة كافة المستجدات والتطورات الحاصلة في الميدان التربوي.

7- العمل على تلبية حاجات ومتطلبات المجتمع من خلال الاهتمام بمخرجات المؤسسة التربوية.

ويرى البعض أن من أبرز مهام وواجبات القائد ما يلي[2]:

1- اقتراح أساليب وإجراءات إبداعية لحل المشكلات.

---

(1) هاني عبد الرحمن الطويل (1995) الإدارة التعليمية : مفاهيم وآفاق ، دار وائل للنشر والتوزيع، عمان ، ص204 ، بتصرف.
(2) محمد منير مرسي (1998) الإدارة التعليمية ، عالم الكتب ، القاهرة ، ص141 ، بتصرف.

2- التعاون مع العاملين في بحث الاقتراحات، ووجهات النظر.

3- تجهيز قاعدة بيانات كافية لتكون مرجعاً أثناء تنفيذ المهمات.

4- تنسيق جهود العاملين وتوجيههم نحو طرق العمل الصحيحة.

5- مساعدة العاملين في حل مشكلاتهم من خلال دفعهم نحو تنمية أنفسهم مهنياً.

وفي البيئة المدرسية تتمثل مهام القائد التربوي فيما يلي[1]:

1- تحمل المسؤولية المهنية لتحقيق الأهداف العليا للمؤسسة.

2- التفاعل مع النشاطات التربوية والتعليمية الرئيسة في المدرسة.

3- توظيف قوة المركز الذي يشغله القائد في التأثير على المعلمين.

مصادر قوة القيادة

يعتبر التأثير في الآخرين السمة الأبرز والشكل الظاهر الذي يميز القائد عن غيره مـن الناس ، وهذا التأثير لا يحدث من فراغ ولا يتحقق بمحض الصدفة ، وإنما هو نتيجة طبيعيـة لسلوكيات القائد التي ينتهجها تجاه الآخرين فيقنعهم ويؤثر فيهم بسلاسة فائقـة ، والقائـد لا يمتلك تلك المقدرة عن طريق الوراثة ، وإنما يكتسبها بالاستناد إلى عدة مصادر منها:

---

(1) قاسم بن عائل الحربي (2008) القيادة التربوية الحديثة ، ط1 ، الجنادرية للنشر والتوزيع ، عمان، ص35 ، بتصرف.

1- **التشريعات** : وهي القوانين سارية المفعول والنافذة ، والأسس والتعليمات واللوائح المعمول بها في المؤسسة التي يترأسها القائد ، حيث تعطيه تلك القوانين الأهلية والأحقية في تطبيق القرارات التي تحقق أهداف المؤسسة ، وهذا الأمر يزود القائد بقوة تمكنه من تنظيم العمل وتوجيه الأفراد نحو الالتزام بالقوانين والتعليمات لضمان إنجاز الأهداف المرجوة بفاعلية.

2- **الخبرة** : وهي مجموع التجارب والمواقف المتراكمة التي واكبها القائد في حياته الشخصية والمهنية ، فأصبحت رافداً له ليستشرف بها وعلى هدي منها كيفية التصرف في المستقبل ، وليأخذ منها الدروس والعبر في مواقف لاحقة، فالخبرة بهذا المعنى تزود القائد بالمهارات التطبيقية التي تسهل له إجراءات وآليات اتخاذ القرارات الصائبة بشكل أكبر مما لو كان قليل الخبرة أو غير مدرك لطبيعة المواقف التي قد تواجهه مستقبلاً.

3- **العلم والمعرفة (التخصص)** : ويعتبر هذا المصدر من أهم مصادر قوة القائد ، فمن المعلوم أن هذا العصر يعد عصر التخصص الدقيق في الأعمال كلها ، لذا فإن كل عمل يتطلب شخصاً يمتلك مهارات وطرق القيام بعمل ما ، وهذا لا يحدث إلا من خلال العلم والمعرفة التي تلقاها الفرد للولوج في تخصص ما ، والقائد ليس ببعيد عن ذلك ، فلابد له من أن يكون قد حصل على العلم والمعرفة لتبين ماهية تخصصه ، وليتقبله الآخرون قائداً لهم، فبعلمه وبمعرفته يستطيع إقناع الآخرين بماهية العمل ويتمكن من التأثير عليهم ، وفي المقابل سيستقبل العاملون وجهة نظره ؛ لأنه عالم بذلك الشيء ولا يتحدث من فراغ.

خصائص القائد الفاعل

يشير نجاح أية مؤسسة في أي نظام سواء أكان تربوياً أم غير تربوي إلى وجود قائد ناجح وفاعل ، بمعنى أنه قائد نشيط ويلعب أدواراً حيوية لتحسين العمل داخل المؤسسة ولتحقيق الأهداف المرجوة ، ولإطلاق وصف الفاعلية أو النجاح على القائد لابد من توفر جملة من الخصائص في هذا القائد ، ومن تلك الخصائص:

01. الثقة بالنفس وبالآخرين.

02. المقدرة على حل المشكلات بفاعلية.

03. الاهتمام بتفقد العاملين معه من كافة الجوانب.

04. التعامل مع الآخرين بشكل إنساني وواقعي وحازم.

05. الاهتمام بتشجيع العاملين وتنميتهم شخصياً ومهنياً.

06. امتلاك مهارات الحوار البناء وروح الدعابة والمرح.

07. المقدرة على استشراف المستقبل من خلال امتلاك رؤية مستقبلية واضحة.

08. المقدرة على إدارة وتنظيم الوقت بفاعلية واستثماره في خدمة أهداف المؤسسة.

09. السعي إلى المحافظة على معايير متفق عليها من الاحترام المتبادل بينه وبين العاملين.

10. الإلمام بطبيعة الأعمال التي يقوم بها الأفراد ، وذلك ليتمكن من توجيههم بأساليب صحيحة.

ومن خصائص القيادة التربوية أيضاً ما يلي[1] :

- التنسيق بين الأدوار لتجنب الصراع.

- تهيئة المناخ الصحي لعمل جماعي .

- أن يكون حكما ووسيطا بين الأعضاء.

- الثواب والعقاب في حالات الصواب والخطأ.

- صيانة بناء الجماعة من حيث توفير إمكانات الحراك الرأسي والأفقي.

- إدارة عمليات التفاعل الاجتماعي المحققة للأهداف في إطار المناهج المقررة.

- حراسة معايير السلوك التربوي في ضوء الأعراف والتقاليد واللوائح والقوانين.

- التخطيط لترجمة الأهداف التربوية البعيدة المدى إلى أهداف واقعية ممكنة التحقيق.

- وضع سياسة تعليمية لمؤسسة تعكس السياسة العامة للتعليم مكيفـة لمطالـب وظـروف الجماعة التي يعمل معه.

ويرى البعض أن من أبرز خصائص القيادة الناجحة ما يلي :

- القيام بوظائف القيادة بشكل متكامل وممنهج.

- تقبل الرأي الآخر واحترام أسس الحوار البناء.

---

(1) عبد اللـه صالح ، القيادة التربوية ، م.س.

- المقدرة على ضبط النفس تجاه المواقف الطارئة.
- الذكاء الاجتماعي داخل المؤسسة التربوية وخارجها.
- السعي نحو توفير المعلومات والبيانات لأفراد المؤسسة.
- الحرص على تماسك المؤسسة من خلال إدارة الصراع بفاعلية واستثماره لخدمة أهداف المؤسسة.

الثقافة والقيادة

تشير الثقافة بوجه عام إلى منظومة القيم والمعتقدات والاتجاهات والقواعد التي يتبناها مجتمع، وهي الرافد الأساس لتوجيه سلوك هذا المجتمع وتصوراته ورغباته وميوله وأسلوب معيشته بشكل يميزه عن غيره من المجتمعات في جانب أو أكثر من جوانب الحياة، وتعتبر الثقافة نتاج تراكمات عديدة لخبرات اختزلتها حقب ومراحل زمنية طويلة في مسيرة المجتمع انتقلت عبر تنشئة أجياله على التشبث بحيثيات ومضامين هذه الثقافة التي يؤمن بها المجتمع، وبذلك يمكن اعتبار الثقافة رابطاً يضم أفراد هذا المجتمع ضمن بوتقة واحدة وهذا ما يضفي صفة الجماعية على مفهوم الثقافة.

وتعني الثقافة لغة:صقل النفس والمنطق والفطانة، وفي القاموس المحيط : ثقف ثقفًا وثقافة، صار حاذقًا خفيفًا فطنًا، وثقَّفه تثقيفًا سوَّاه، وهي تعني تثقيف الرمح، أي تسويته وتقويمه، ويمكن تعريف الثقافة بأنها: منظومة متكاملة من المعارف والعلوم والمعتقدات والقيم والاتجاهات والسلوكيات التي يشترك في تبنيها مجموعة من الناس ويعيشون وفقاً لتوجيهها وعلى هدي من مبادئها، كما يشير مفهوم الثقافة إلى تطور مقدرة الإنسان على تحليل التجارب والخبرات

وتوظيفها في الحياة لتسهيل ظروفها، تبعاً لاختلاف الموقع الجغرافي والخلفية الدينية والأوضاع الاقتصادية والاجتماعية السائدة.

وفي الميدان التربوي تعتبر الثقافة المجتمعية جانباً هاماً ينبغي لقادة المدارس من العمل فيه، كما لابد لهم أن يكونوا على وعي بثقافة المنظمة التي توفر إطاراً أقرب للعمل القيادي، ويمكن للمديرين وغيرهم المساعدة في تشكيل الثقافة لكنهم يتأثرون بها أيضاً، والقادة التربويون بحاجة لأن يكونوا على وعي بالثقافة المجتمعية التي تدعم المدارس والكليات لكي يمكن تبني سياسات وممارسات تتساوى فيها الفرص على نحو مناسب.[1]

ماهية العلاقة بين القيادة والثقافة[2]

ثمة علاقة وطيدة بين القيادة كسلوك تنظيمي ومهني وبين الثقافة بكافة أنماطها واتجاهاتها، وتسهم هذه العلاقة في بلورة مفهوم حديث للعلاقات المهنية داخل أية منظمة وبخاصة المنظمات التربوية، حيث تتخلق الثقافة في الرحم التنظيمي، وقد أثبت البحث العلمي بأن القادة هم البناة الرئيسيون للثقافة التنظيمية من خلال فلسفتهم ومهاراتهم الإدارية وأنماطهم القيادية والشخصية، وخلفياتهم العلمية والنظرية، وتجاربهم الميدانية ... ومن هنا يتضح ما تمثله شخصية وسلوكيات القائد في المناخ التنظيمي في المؤسسة المعنية، فعلى عاتقه يكون الاعتماد في صنع واتخاذ القرارات وصياغة أهداف وتوجهات المؤسسة.

---

(1) توني بوش وديفيڤد ميدلوود، قيادة الأشخاص وإدارتهم في التربية، ص79، بتصرف

(2) مجلة التدريب والتقنية، المؤسسة العامة للتدريب التقني والمهني، الرياض، العدد 81، تشرين الأول، 2005، بتصرف.

وترتبط الثقافة بالجوانب غير الرسمية من المنظمات وليس بعناصرها الرسمية، فهي تركز على قيم ومعتقدات ومعايير الأفراد في المنظمة، وكيف تلتحم هذه المدركات الفردية في معانٍ مشتركة، وتظهر الثقافة من خلال الرموز والطقوس وليس من خلال البنية الرسمية للمنظمة، ولقد ازداد مفهوم الثقافة في التربية أهمية بشكل مستمر نتيجة لعدم الرضا عن نماذج القيادة والإدارة المتمسكة بالجوانب البنيوية والفنية للمؤسسات التربوية والتعليمية التي تضفي طابعاً بيروقراطياً للبنية التنظيمية في تلك المؤسسات، الأمر الذي يستلزم السعي إيجاد اكبر قدر من التوازن في المؤسسات التربوية والتعليمية(1).

وحين تتدخل الثقافة في القيادة يبرز للعيان نمط تنظيمي ومؤسسي مستقل ومحدد المعالم والأطر والاستراتيجيات سواء أكان ذلك في المنحى الإيجابي أم السلبي، وقد أثبتت بعض الدراسات وتوصلت إلى أن القادة في المنظمات يلعبون الدور الأكبر في تشكيل الثقافة التنظيمية...

إن وضوح الثقافة التنظيمية يسهم بشكل فاعل في إدارة ناجحة لما يسمى بالصراع التنظيمي الأمر الذي يسهم في زيادة تماسك المناخ المؤسسي القائم وينتقل بأفراد المؤسسة إلى أفق واسعة من التنافسية وتحسين مخرجات العمل.

ولثقافة المنظمة ملامح عدة لعلّ من أبرزها:

1- الاهتمام بقيم أفراد المؤسسة.

2- تطوير معايير مشتركة للتفاعلات بين أفراد المؤسسة أو المنظمة.

---

(1) توني بوش وديفيڤد ميدلوود، قيادة الأشخاص وإدارتهم في التربية، ص75-76، بتصرف.

3- تنظيم إجراءات وآليات تحاكي وتدعم القيم والمعتقدات المعتمدة في ثقافة المنظمة.

4- تعزيز المتميزين في تجسيد الثقافة التنظيمية على أرض الواقع وتكريمهم.

كما ينبغي مراجعة ثقافة المنظمة عن طريق المحاور التالية(1):

1- تحديد هوية المؤسسة

2- تحفيز العاملين فيها

3- التشجيع على التماسك والتوافق

وبالعودة إلى حقيقة أن القادة هم العامل الأهم في صناعة الثقافة التنظيمية بحكم تأثيرهم على أفراد المنظمة وصياغة بنيتها ومناخها التنظيمي، فإنه يجب التأكيد على جملة من الأمور الهامة والتي يجب أن نتفطن لها جيداً، ومن أهمها:

1. تبصُّر فلسفة القادة وأنماط تفكيرهم وشخصياتهم، حيث يمثل ذلك المدخل الأساسي لفهم   رموز الثقافة التنظيمية.

2. إن أي تغيير للثقافة التنظيمية لا يمر بقنوات القادة هو تغيير تنظيمي هش لا يدوم ولا يصل إلى عمق الجسد التنظيمي.

3. على القادة أن ينتبهوا جيداً لخطورة وأثر فلسفتهم الإدارية وأنماطهم القيادية والشخصية، وأحاديثهم وتصرفاتهم، كافة تصرفاته حتى الرمزية منها في تشكيل ثقافة منظمتهم.

_____

(1) سامر جلدة، السلوك التنظيمي والنظريات الإدارية الحديثة، ص202.

وإنه من الخطورة بمكان أن لا يدرك القادة حجم تأثيرهم على صناعة الثقافة السائدة في منظماتهم أو تغييرها ... حيث يشكّلونها من خلال فلسفتهم الإدارية والشخصية وأنماط قيادتهم وتصرفاتهم الرمزية، شعروا بذلك أم لم يشعروا!

إن تفسير العلاقة بين القيادة الإدارية وتطوير الثقافة التنظيمية، من الصعب تفكيكها على مستوى العلاقات الاجتماعية التي تحدد مرجع قاعدي للتصرف نحو الثقافة التنظيمية للمنظمة، كاتفاق مشترك وفهم واعي لطريقة الحياة الاجتماعية داخل المنظمة، تنتج منها كائنات اجتماعية عابرة لوجودها الفردي، تؤطرها ثقافة "نحن"، تعبر عن ضرب من ضروب العقلنة، لذلك البناء الاجتماعي.

تعمل القيادة الإدارية على تعزيز ثقافة مناخية تشكل بيئة اجتماعية روتينية وجافة تفتقد للعلاقات الإنسانية التفاعلية، وذلك من خلال ضعف التنسيق القيادي الأفقي بين القيادات الأخرى والتفرد بالسلطة، وتعزيز علاقات رسمية تتطلب من خلالها الولاء لها وليس للمنظمة، وتعمل على اعتبار دورها القيادي ممثل في الرقابة المستمرة لاحترام إجراءات العمل، مما أدى بها إلى عدم تعزيز ثقافة مناخية تعزز من خلالها سلوكيات للمبادرة، وتقبل الخلافات ومناقشتها علنا، وتحمل المسؤولية.

وتعزز القيادة الإدارية ثقافة اتصالية رأسية تمرر من خلالها التعليمات، والأوامر في شكل مركزي، مما أدى إلى إخفاقها في تعزيز سلوكيات للمساندة والتشاور والاستماع وإبداء الرأي. وتعزز ثقافة للتحفيز تعتمد على أسلوب الثواب والعقاب، وتعتمد على الحوافز آنية لبناء العمل الإنتاجي، وليست

موجهة إلى المدى الذي يخلق قاعدة للانضباط الذاتي، كـما أنـه تقـدم حـوافز أسـاس الـدفع الفردي، أو الانتماء على أسـاس الجهـة، مـا أدى إلى إخفاقهـا في تعزيـز سـلوك روح الفريق، وروح الجماعية والمخاطرة والإبداع[1].

إن من المهم جداً تطوير ثقافة القيادة في أي نظام أو مؤسسة، فالثقافة توجـه الأداء بشـكل عـام، والثقافـة تمـنح المؤسسـة والعـاملين فيهـا تميـزاً وإحساسـاً بالإنجـاز وتضـع معايير سلوك الموظفين، فيكونون بذلك أكثر إدراكاً بما هو مقبول وهام، كما تسهم في تعزيز بعض القيم الإنسانية لدى العاملين كالأمانة، والتحسن المستمر، واللباقة في معاملة الآخرين من متلقي الخدمة التي توفرها المؤسسة.

ولتعديل ثقافة المنظمة وتمكينها من مواكبة المستجدات والتطورات الحديثة، ينبغي على القادة مراعاة ما يلي[2]:

1- تعديل رسالة المؤسسة

2- تطبيق الثواب والعقاب

3- التدريب والتعليم المستمر

4- إعطاء نماذج وأمثلة من الواقع

5- بناء قيمة الجودة الشاملة والتنافسية

(1) د. يوسف جغلولي، القيادة الإدارية وتطوير الثقافة التنظيمية، دراسة منشورة على موقع
http://knol.google.com
(2) سامر جلدة، السلوك التنظيمي والنظريات الإدارية الحديثة، ص202.

ولبناء ثقافة قيادية مؤسسية وتنظيمية رائدة وبخاصة في المؤسسات التربوية لا بد من الأخذ بعين الاعتبار الخطوات التالية:

1- تنمية العلاقات الإنسانية داخل المؤسسة

2- تنمية ثقافة الحوار والتواصل المتبادل بين مستويات العاملين داخل المؤسسة.

3- عقد الدورات التدريبية الدورية بناء على خطة مدروسة تراعي احتياجات العاملين الوظيفية.

4- الاستفادة من خبرات وتجارب ناجحة لمؤسسات ونظُم محلية وعالمية في مجال أو أكثر من مجالات العمل.

5- الحرص على تنفيذ قواعد العمل اليومية وجعلها من المسلمات والبديهيات في العمل داخل المؤسسة، وذلك من أجل تعزيز وتنمية قيم معينة داخل المؤسسة.

وإحدى الطرق التي يمكن بها للقادة أن يشكلوا الثقافة أو يغيروها هي من خلال تعيين أعضاء جدد في الهيئة العاملة ممن يحملون القيم والمعتقدات نفسها، مما يؤدي إلى توافق ثقافي، وحسب وجهة النظر هذه توفر عملية اختيار أعضاء الهيئة العاملة فرصة لإطلاق قيم المدرسة أو قيم قادتها على أمل أن ينجذب الذين يحملون قيماً مشابهة إلى المنصب، بينما يمتنع الآخرون من تقديم طلبات أو متابعتها، ومع مرور الزمن ستتحول ثقافة المدرسة في الاتجاه الذي

يسعى إليه المدير، ومن الأفضل أن يتخلى القادة عن السلطة للآخرين حين يكونوا على ثقة من أن قيمهم التربوية لن تتضرر من خلال القيام بذلك[1].

وفي حالة الثقافات المتعددة، يبرز دور القادة ، فقد يلجأ القائد إلى اعتماد أسلوب الاجتماعات للاقتراب من العاملين معه والتحدث إليهم والتأثير عليهم، هذا بالإضافة إلى تنمية وتدريب العاملين على المواءمة بين الثقافات وإبراز ثقافة تنظيمية وسطية، وهذا انعكاس لثقافة القائد، ومؤشر لقوة وفاعلية ثقافة قيادية راجحة.

تكمن فاعلية القيادة الإدارية في القدرة على التغيير الثقافي، في تعزيز وتطوير الثقافة التنظيمية، التي تؤكد على الوعي المشترك بين الأفراد في العمل، لبناء السلوك الاجتماعي للكيان الاجتماعي للمنظمة، بما ينتج هويته في العمل، ويميزه عن غيره، إذا كانت نظريات القيادة الإدارية تناولت ظاهرة القيادة من حيث الخصائص، والمميزات الفردية للقائد، أو من حيث تفاعله مع الموقف أو في علاقته مع مرؤوسيه، أو من جانب أنماط السلوك التي تعبر عنه، فإن التناول لظاهرة القيادة الإدارية يركز على الاهتمام بالتفاعل الاجتماعي، الذي يحدث في إطار نسق ثقافي للمنظمة.

فإذا كانت الثقافة التنظيمية مجموعة من المعايير، والقيم والمعتقدات التي مع مر الزمن وضعت كمعايير سلوكية اعتمدت في حل المشكلات، تم اكتشافها كطريقة صحيحة للتصرف من طرف الجماعة التنظيمية، فإن القيادة الإدارية تعمل على تعزيز وتطوير، وإلهام التابعين على إيجاد الحلول المناسبة

(1) توني بوش وديفيئد ميدلوود، قيادة الأشخاص وإدارتهم في التربية، ص85، بتصرف

لمواجهة المشاكل التي تواجههم، في إطار شمولية تاريخية واجتماعية للمنظمة، هذا ما يؤدي إلى تمكين المنظمة من إنتاج ثقافة تعبر عن قدرتها الجماعية ومدى توازنها، واستقرارها كنسق اجتماعي[1].

التجربة الأردنية في بث الثقافة القيادية

ولو تناولنا النموذج الأردني في المواءمة بين مفهومي الثقافة والتربية لاتضح أن الأردن أضحى من الدول الرائدة في المنطقة في مجال فتح قنوات الاتصال والانفتاح الإيجابي بين التيارات المختلفة في المجتمع ، وغني عن البيان ما تضطلع به وزارة الثقافة الأردنية في هذا المجال من خلال الخطط والبرامج الطموحة لتنمية المجتمع وبث الثقافة القيادية بين جيل الشباب، ويظهر ذلك جلياً من خلال البرامج التالية والتي تم تدشينها بجهود وطنية ومنها:

- برامج ومشاريع لإيجاد بيئة للإبداع
- برامج ومشاريع لتسويق المنتج الثقافي والفني الأردني
- برامج لدعم المنتج الثقافي الأردني
- برامج ومشاريع لتحقيق عدالة توزيع مكتسبات التنمية الثقافية
- برامج ومشاريع لتطوير السياسات والعمل في الوزارة
- برامج ومشاريع تهدف للتواصل مع الدول الأخرى

---

(1) د. يوسف جغلولي، القيادة الإدارية وتطوير الثقافة التنظيمية، دراسة منشورة على موقع http://knol.google.com.

فقد جاء الاهتمام بالتربية والتعليم منذ تأسيس الدولة الأردنية كمقدمة لإشاعة الثقافة العربية المنفتحة على البعد الإنساني الأعم. فلقد شهد الأردن منذ تأسيسه نشاطاً ثقافياً ملموساً في بلاط سمو الأمير عبد الله المؤسس. الذي كان شاعراً وأديباً، واستطاعت وزارة الثقافة الأردنية ضمن الإمكانيات المادية المحدودة أن تقدم الدعم لكل قطاعات المثقفين،والشباب، ولعل من أبرز أشكال الدعم ذلك الذي يوجه للقيادات الشبابية وما يتضمنه من صقل شخصيات القيادات الواعدة بلمحة ثقافية تنتج كياناً تفاعلياً يتحلى بأعلى معايير الثقافة والقيادة.

وتنطلق وزارة الثقافة من مبدأ أن الثقافة لا تصنعها المؤسسات الحكومية، لكن تصنعها الجماهير وقطاعات المثقفين، ولا تسعى الوزارة إلى أن تصبح سلطة ثقافية، بل تسعى إلى تعزيز دور الثقافة في حياة المجتمع بحيث تصبح السلطة للثقافة.

وقد توجت جهود المؤسسات الثقافية والحركة الثقافية، بصدور قانون رعاية الثقافة رقم 36 لسنة 2006 وتعديلاته، وإنشاء صندوق دعم الثقافة بمبادرة من صاحب الجلالة الملك عبد الله الثاني بن الحسين، الأمر الذي سيدفع بالتنمية الثقافية خطوات واسعة للأمام، من خلال توفير سبل الدعم الكفيلة وبوضع استراتيجيات خطط ومشاريع المؤسسات والأفراد، موضع التنفيذ والتميز.

63

وتقوم التنمية الثقافية في الأردن على مرتكزات هي[1]:

- القيم المستمدة من عقيدتنا السمحة ، ومبادئنا ، وتراثنا ، وخصوصيتنا الوطنية

- التوجيهات الملكية السامية الواردة في عدد من كتب التكليف حول الثقافة

- الأجندة الوطنية

- المؤسسات الرسمية ، ومنها وزارة الثقافة، التي تقوم برعاية الثقافة ، وتوفير البيئة الملائمة للإبداع

- تساعد وزارة الثقافة في توفير جزء من القوّة الناعمة للدولة إلى جانب القوة الصلبة التقليدية كعنصرين متكاملين لتحقيق الأمن الوطني الشامل

- ترعى وزارة الثقافة، الثقافة الصديقة للتعايش وقبول الآخر، واحترام حق الاختلاف، ونبذ التطرّف والمغالاة

- تعمل وزارة الثقافة على تحقيق مبدأ المشاركة في عملية التنمية الثقافية ، وتوزيع مكتسبات التنمية الثقافية بعدالة بين أقاليم الوطن

وأخيراً، فإن القيادة الشاملة تنجح في تحقيق أهدافها ضمن إطار شامل ومتكامل، من خلال تقديم نموذج ملائم لإنجاز العمل ضمن إطار قيمي ثقافي متكامل، وبطريقة تسهم في جعل المؤسسة أكثر قوة وتطوراً وقدرة على مواجهة التحديات، وتلبية المتطلبات وإحداث التطوير المنشود، وذلك من خلال وضع

---

(1) http://www.culture.gov.jo

تصميم استراتيجي مناسب إدخال التغيير للمؤسسة التربوية، وضمان نجاحه وتحقيقه لغاياته[1].

إن الثقافة التنظيمية بهذا موجه لسلوك الأفراد المنتمين إليها، على الأقل بالقدر الذي يحقق به استمرار هذه المجموعة، بتحديد السلوك الملائم، وغير ملائم لدعم استقرار، وتوازن النسق الاجتماعي للمنظمة، ككيان اجتماعي مستقل عن وعي، ووجود أفراده، لأن إهمال النسق الثقافي كإطار مرجعي للسلوكات الأفراد، معناه لم يعد الكيان الاجتماعي كذلك، ويعوق حركة تطور المنظمة، ويؤثر على كفاءتها، وعلى تحقيق أهدافها، فالمنظمات العملاقة لم تولد في لحظة، وإنما هي نتيجة خبرات، وأزمات، ونجاح، وفشل، منذ فترة زمنية بعيدة، حتى استقرت على ما هي عليه الآن في ثقافتها التنظيمية الكفاحية

نلخص فنقول إن الثقافة التنظيمية تكمن في قدرة المنظمة على إنتاج مجموعة بشرية، بما تحمله من علاقات تبعية وقيادة، وعلاقات غير متساوية، تكون مقبولة من طرف جميع أعضاءها، بحيث يستطيع تحقيق الهدف المشترك من جهة، وإعادة إنتاج المجموعة من جهة أخرى، فالجماعة بهذا المعنى تسمح للفريق، أو المجموعة بأن تتشكل، وتتكون بصفتها كذلك، وذلك بواسطة إنتاج أدوات، وطرق الدمج، والانتماء لهذه المجموعة أولا، وإنتاج الحلول التي تمكنهم من تعبئة قدراتهم، ومعارفهم، وتوحيد معالمهم المتضاربة منها، من أجل استمرار هذه المجموعة، وبقائها من جهة ثانية[2]

(1) منى مؤتمن عماد الدين، آفاق تطوير الإدارة والقيادة التربوية في البلاد العربية، ص99.

(2) د.يوسف جغلولي، القيادة الإدارية وتطوير الثقافة التنظيمية، دراسة منشورة على موقع http://knol.google.com

أنواع القيادة التربوية

يُعرف النمط القيادي بأنه الأسلوب الذي يتبعه القائد ويتخذه منهاجاً له في قيادته للمؤسسة أو التنظيم والذي يؤدي – من وجهة نظره – إلى نجاح المؤسسة وتحقيقها للأهداف المأمولة منها ، وتختلف الأنماط القيادية باختلاف طبيعة المؤسسات المطبقة فيها ، هذا مع العلم بأن ثمة ارتباط وثيق بين النمط القيادي المتبع من قبل القائد وبين فاعلية المؤسسة أو التنظيم ، ولكن – في المقابل – لا ينبغي للقائد إتباع أسلوب أو نمط بعينه لقيادة المؤسسة ، بل إن عليه التنويع بين الأساليب والأنماط وذلك لزيادة فاعلية عمل المؤسسة ، وبمعنى آخر ينبغي على القائد إدراك المواقف بحصافة واختيار النمط القيادي الملائم بهدف اتخاذ القرار الرشيد بخصوص هذا الموقف أو ذاك ، وعليه فإنه يمكن تقسيم أنماط القيادة كما يلي:

أولاً : القيادة التسلطية

وتسمى أيضاً بالقيادة الاستبدادية والديكتاتورية والأوتوقراطية ، وفيها يكون القائد صاحب السلطة المطلقة في المؤسسة ، فهو الآمر الناهي داخل مؤسسته حيث يتخذ القرارات بشكل منفرد غير قابل للنقاش على الإطلاق ، كما أن القائد وفق هذا النمط يرسم السياسة العامة ويصوغ الأهداف المراد تحقيقها في المؤسسة ، كما يحدد نشاطات العمل والخطوات الإجرائية فيه ويقوم بتزويد العاملين بها بغية تنفيذها دون نقاش أو إبداء رأي ، وقد تكون الأوامر الصادرة من قبل هذا القائد متعارضة مع رغبات وميول العاملين ، ولكنهم سيكونون مرغمين على التنفيذ وفقاً لرؤية القائد وإلا سيواجهون بالعقوبات.

ومن سمات القيادة التسلطية[1] :

- الالتزام بحرفية النشرات و التعليمات .

- الإكثار من إصدار القرارات و التعليمات.

- استبداد القائد برأيه واستخدام أسلوب الفرض والإرغام .

- عدم السماح بالمناقشة من قبل العاملين والتأكيد على ضرورة الطاعة العمياء .

- عدم إعطاء أي قدر من الحرية في العمل للعاملين , وكثرة التدخل و مراقبة أعمالهم عـن كثب.

ويكون القائد في هذا النوع من القيادة مركزياً وقليل الثقة بالعاملين معه، كما يستخدم أساليب التهديد والتلويح بالعقوبات لدفع العاملين نحو العمل والإنجاز[2] ، وضمن هذا النمط من القيادة يسود التنافس السلبي بين الأفراد ويلجأ أكثر العاملين إلى التكتل في مجموعات حيث تكون لكل مجموعة أهدافها وميولها ورغباتها الخاصة بها، هذا إلى جانب الشعور الذي ينتاب العاملين بعدم المقدرة على الإنجاز نتيجة لتفرد القائد بصياغة الأهداف وباتخاذ القرارات ، إضافة إلى ضعف الثقة والعلاقات الإنسانية بين العاملين وبينهم وبين القائد ،

---

(1) وزارة التربية / الكويت ، مهام رئيس قسم التربية الإسلامية وسماته الشخصية في القيادة التربوية ، م.س.
(2) رضا صاحب أبو أحمد آل علي وآخرون (2001) وظائف الإدارة المعاصرة : نظرة بانورامية ، مؤسسة الوراق ، عمان ، ص237 ، بتصرف.

بل إن الأمر يصبح قريباً من التملق والزيف التذبـذب في العلاقات فلا تكون نابعـة مـن القلب.

وفي الميدان التربوي فإن هذه القيادة تمثل الممارسات التي ينفذها القائد في مدرسته وهو أسلوب يتمثل في جعل السلطة والقرار بيده ولا يسمح لغيره من العاملين معه بالمشاركة ويمكن وصف القائد التسلطي بأنه نشيط وفعال ويقوم بكافة أعمال التخطيط والتنظيم بنفسه أما العاملين فعليهم أن ينفذوا ، ولا يهتم القائد هنا بالعلاقات الإنسانية بل يعمل على قتل الابتكار والإبداع وانعدام روح التعاون والألفة والمحبة بـين أعضاء المجتمـع المدرسي (1) .

ثانياً : القيادة الديمقراطية

تتميـز القيـادة الديمقراطية بتشجيع العاملين على تحمل المسؤولية ، وتنميـة الثقـة بأنفسـهم وبقـدراتهم ، ومـن ثـم إشراكهـم في اتخـاذ القـرارات ، ممـا يعـزز إحسـاس العامـلين بوجـودهم وبتـأثيرهم في المؤسسة (2) ، ويتميـز هذا النمط مـن القيـادة بالمستوى العالي للعلاقـات الإنسـانية بـين القائـد والعاملين ، حيـث تتضمـن تعاونـاً بـين الطرفين في صياغة الأهـداف المـأمول تحقيقهـا ، وفي تحديـد الواجبـات والمسؤوليات لكافة الأفراد على اختلاف مستوياتهم الوظيفية ، وفي صنع واتخاذ القـرارات ، ويهـتم القائـد ضمـن هذا النمـط بتنميـة وتقويـة علاقتـه بالعاملين مـن خـلال احـترام إنسـانيتهم ومحاولـة إشبـاع حاجـاتهم وميـولهم ورغبـاتهم داخـل المؤسسـة ، ممـا يسـهم في تقويـة عُرى التعـاون والانتمـاء للمؤسسـة الأمـر الـذي يشكل

---

(1) عبد الله صالح ، القيادة التربوية ، م.س.
(2) قاسم بن عائل الحربي ، القيادة التربوية الحديثة ، م.س ، ص70 ، بتصرف.

بيئة مؤسسية متسمة بالعلاقات الإنسانية الطيبة والثقة والاحترام المتبادلين بين كافة عناصر المؤسسة. وتستند القيادة الديمقراطية إلى عدد من المبادئ التي يمكن إيجازها فيما يلي[1]:

- توزيع المناصب والمسؤوليات حسب الكفاءات.
- احترام أفكار وقدرات الآخرين أو السماح بالتعبير عن مختلف وجهات النظر.
- الاستعانة بمشاركة أكبر قدر ممكن من أعضاء الجماعة لإثراء الحوار والمناقشة لما فيه صالح عملية اتخاذ القرار.
- اتخاذ القرارات بناء علي رأي الأغلبية مع منع الأغلبية من إسكات الأقلية إذ كثيراً ما تكون الأغلبية على خطأ والأقلية على صواب .

وفى هذا النوع يتصرف القائد بلباقة وود مع مرؤوسيه ويستخدم المرونة في جميع المشكلات التي تواجه العمل ويرى هذا القائد أن المشاركة في صنع القرارات وسيلة مجدية وهى تخلق فيهم شعور المشاركة فإذا نظرنا إلى كلمة ديمقراطية نجد أنها من أصل يوناني ومكونة من كلمتين (ديموس) وتعنى الشعب و(كراتوس) وتعنى السلطة ولهذا فهي تعنى سلطة الشعب وفى ظل هذه القيادة نجد أن الجماعة هي التي تقوم باختيار القائد ويشارك القائد الأفراد في وضع الأهداف والتخطيط والتنفيذ ولهذا فإننا نجد بينهم روح المحبة والتعاون وتسودهم العلاقات الطيبة[2].

(1) وزارة التربية / الكويت ، مهام رئيس قسم التربية الإسلامية وسماته الشخصية في القيادة التربوية ، م.س.
(2) عبد الله صالح ، القيادة التربوية ، م.س.

ثالثاً : القيادة الترسلية

وتسمى أيضاً القيادة المتسيبة أو الفوضوية أو الحرة ، وتتسم بعـدم الاهـتمام بمهـام ومسؤوليات الأفراد ودرجة قيامهم بواجباتهم ، حيث يغلب على القائد في هذا النـوع مـن القيادة التساهل الشديد وغـض الطـرف عن العـاملين ، بـل إنه يمنحهم استقلالية كبـيرة وتسهيلات عديدة ، فلا يتدخل في شؤون عملهم بأي شكل ، وإنما يعتبر مسهلاً للعمل فيقوم بتزويدهم بالمعلومات والبيانات التي تساعدهم على القيام بأعمالهم.

فالقيادة الترسلية أو التسيبية لا تؤكد على الرقابة والمتابعة، بل تترك حرية التصرف للعاملين ليقوموا بما يرونه مناسباً[1] ، وعادة ما يلجأ القائد إلى استخدام هذا النوع في إحدى حالتين : عندما يشعر بعجزه عن القيادة وذلك لجهلـه وعـدم تخصصه في مجال العمـل ، وعندما يكون متخماً بالمهام والمسئوليات أو غير متفرغ لعمل الجماعة ، ولاشك أن مثل هذا النوع من القيادة لا يبعث على احترام الرئيس كما أنه يؤثر سلبياً على الإنتاج والأداء[2].

رابعاً : القيادة الشخصية

ويستند هذا النوع من القيادة على الجاذبية الشخصية للقائد وما توفره من مكانة عالية للقائد في قلوب العاملين ، فيعتبرونه شخصاً متميزاً عن غيره سواء أكان ذلك بالمؤهلات الشخصية أم المهنية ، وبذلك يمتلك القائد مقدرة فائقة

---

(1) عبد الغني عبود (1992) إدارة التربية وتطبيقاتها المعاصرة، دار الفكر العربي، القاهرة ، ص8، بتصرف.
(2) وزارة التربية / الكويت ، مهام رئيس قسم التربية الإسلامية وسماته الشخصية في القيادة التربوية ، م.س.

على التأثير في الآخرين وتوجيههم ، ويظهر هذا النوع من القيادة عـادة في المؤسسـات غـير الرسمية كالأحزاب مثلاً ، أو في التجمعات الإنسانية التي تجمع بين أفرادها أفكار مشـتركة ، أو في العائلات الكبيرة أو البلدة الواحدة أو غيرها.

خامساً : القيادة الشكلية

وتسمى أيضاً بالقيادة الفخرية أو الاسمية أو الشرفية ، وفيها يكون القائد بعيداً عن مراكـز صـنع واتخـاذ القـرارات ، حيـث يـتم تفـويض ذلك كلـه إلى العـاملين عـلى اختلاف مستوياتهم ومنحهم حرية مطلقة في التصرف بأمور المؤسسة ، وذلك من باب الثقة العاليـة واللامحدودة بقدراتهم وخبراتهم لتسيير دفة العمل في المؤسسة عـلى خـير وجـه ، وفي هـذا النوع من القيادة يتسم القائد بالسلبية ؛ وذلك لأنه لا يساهم بأي شكل من الأشكال في أيـة وظيفة أو نشاط داخل المؤسسة بل يبقى قابعاً في قمة الهـرم الـوظيفي ، وتبقـى مقاليـد الأمور بأيدي العاملين كل ضمن مستواه الوظيفي.

أنماط القيادة

لا يمكن الزعم بأن أي إنسان - مهما بلغ من الشفافية والوضوح والإدراك الحصيف - أنه إنسان موضوعي بشكل مطلـق ، فكـل شيء في هذا الوجـود خاضع لمبـدأ النسـبية ، حيث تتدخل عوامل عديدة ومنها مزاج الإنسان وأهوائه الخاصة في صميم أعمالـه ، وقـد لا يستطيع تحييدها حتى وإن تتطلب منه الموقف المعني ذلك ، والقائد إنسان أولاً وأخيراً ، إذ تتدخل أطباعه ومزاجه في عمله وقد يصبح - بتأثير من طبعه - ذا شخصية نمطية معينة ، ولقد أثبتت الدراسات والأبحاث المستفيضة في هذا المجال أنه يمكن تصنيف القادة استناداً إلى أكثر من زاوية ، وذلك على النحو التالي:

71

أولاً : يمكن تصنيف أنماط القيادة من حيث أساليب الإنجاز إلى الأصناف التالية:

✴ **القيادة العملية** : وتوصف أيضاً بالواقعية ، حيث يهتم هذا النمط من القيادة بما تم تحقيقه من منجزات على أرض الواقع وبالفعل.

✴ **القيادة النظرية** : وتوصف أيضاً بالمثالية، وهي على النقيض تماماً من القيادة العملية ، حيث يهتم هذا النمط بالتفسيرات النظرية المرجو تحقيقها في مهمة أو عمل ما.

✴ **القيادة الاختيارية** : وتوصف أيضاً بالانتقائية ، حيـث يقـوم القائـد ضـمن هـذا الـنمط بمراقبة الواقع واختيار أحد النمطين السابقين وتوظيفه في معالجة الموقف أو المشكلة.

✴ **القيادة المتوازنة** : وتوصف بأنها قيادة الحلـول الوسـط ، حيـث يسـعى هـذا الـنمط إلى إيجاد وتنمية التوازن داخل المؤسسة ومنعها من الانحراف عن أهدافها.

ثانياً : كما يمكن تصنيف أنماط القيادة مـن حيـث طبيعـة التعامـل مـن مركـز القيـادة إلى الأصناف الآتية:

✦ **القيادة الجـادة** : وتوصف أيضاً بالقيـادة المنظمـة ، ويسـعى القائـد ضـمن هـذا الـنمط توظيف معرفته وخبرته في تنسيق الجهود مع العاملين وذلك انطلاقاً من قوة مركزه في أعلى الهرم الوظيفي.

◆ **القيادة الأحادية** : وتتسـم هـذه القيـادة بالتسـلط والاحتكـار نتيجـة لمعرفتـه بكافة جوانب العمل حيث يستطيع القيام بهـا بفاعليـة كبـيرة ، إلا أنـه لا يـؤمن بقـدرات غيره فلا يقوم بتفويض السلطات بـل إنـه يحبـذ القيـام بكـل شيء بنفسـه ، وتعتبر أهدافه قصيرة المدى إذ إنه لا يهتم باستمرارية وجود المؤسسة.

◆ **القيادة الرشـيدة** : ويظهر دور هذه القيادة جلياً في الأوقات الحرجـة والمتأزمـة ، حيـث يبدي القائد فيها قدراً وافراً من الحكمة وحسن التصرف ، فيبقى رابط الجأش وهادئاً حتى في أحلك الظروف الأمر الذي يزيد من الروح المعنوية لـدى العـاملين فيشجعهم على الإصرار على مواجهة المواقف والتحديات.

◆ **القيادة النفعية** : وفي هذا النمط يحرص القائد على التعامل مع المواقف بطريقة تحقـق له ولمؤسسته المنفعة والمصلحة ، وهو بذلك من المنادين بمبـدأ الغايـة تبرر الوسـيلة ؛ لأنه يرى بأن تحقيـق المنفعـة لـه وللمؤسسـة مـؤشر عـلى بقـاء واسـتمرارية المؤسسـة وبالتالي استمراريته ، وعليه فإنه لا يدخر جهداً لتحقيـق المصـلحة ، ولعـل مـن أكـثر مميزات هذا النمط أن القائد يتسـم بمرونـة عاليـة في العمـل ويمتلك أسـس ومبـادئ الحوار الهادف والبناء.

ملخص الفصل

القيادة تعني التأثير في الآخرين وتوجيههم لتحقيق الأهداف المرجوة ، ولقد جـاءت كلمة القيادة من الكلمة الأنجلوسكسـونية [Laedan] والتـي تعنـي الـذهاب ، ولا تـأتي القيادة بحكم المنصب أو قوة المركز وإنما من خلال اقتناع الأفراد بشخص يمتلك مقومـات معينه تجذبهم إليه وتجذبه إليهم ، ويظهر دور القيادة الفاعلـة في المواقـف التـي تتطلـب تنظيماً وتوجيهاً لترتيب العمـل والوصـول إلى صـنع واتخـاذ القـرارات في المؤسسـة ، وتعتـبر القيادة وسيلة فاعلة للوصول إلى تحقيق أهداف المنظمة بالطريقة الفضلى.

الفصل الثاني

النظرية في القيادة

ويتضمن:

نظريات القيادة

نظرية القيادة التحويلية

ملخص الفصل

الفصل الثاني
النظرية في القيادة

تمهيد

تختلف استخدامات النظرية وذلك باختلاف العلوم التي تستهدفها ، فالنظرية التربوية تختلف عن نظيرتها الطبية ، وكلاهما تختلفان عن النظرية في الزراعة أو الكيمياء أو الفيزياء ، إلا أن القاسم المشترك بينهما يكمن في أن النظرية في أي مجال أو ميدان تشير إلى جملة من الفرضيات التي يمكن الخروج من خلالها بمبادئ و قوانين علمية في ميدان أو تخصص ما.

والنظرية بشكل عام حازت على اهتمام العديد من العلماء الذين بذلوا جهوداً عظيمة لصياغة تعريف جامع لمفهوم النظرية ، فمثلاً عرفها فيجل بأنها : الفروض التي يمكن من خلالها وباستخدام المنطق الرياضي التوصل إلى قوانين تجريبية ، كما عرفها سيمون بأنها : الإطار المرجعي الذي يؤدي لاتخاذ القرارات الصائبة في مجال ما.

أما في الميدان التربوي فقد ظهر الاهتمام بموضوع النظرية في مستهل النصف الثاني من القرن العشرين ، حيث بذل العديد من التربويين جهوداً عظيمة في هذا المجال ، وكان على رأسهم كلاً من جيتيزلز وكولادراسي وذلك من خلال الكتاب الذي تم تألفه في موضوع النظرية والمسمى " توظيف النظرية

في الإدارة التربوية "[1] ، وتتضمن التنظيمات الإدارية أو التنظيمات الرسمية وغير الرسمية مناخاً تنظيمياً وسلوكاً تنظيمياً يعبران عن نوع القيادة وشكلها ، وهذا يعني أن السلوك القيادي محكوم بطبيعة التنظيم القائم ، ووفقاً لذلك يمكن ملاحظة العديد من المدارس والنظريات القيادية [2]، وفي الصفحات التالية سيتم استعراض أبرز نظريات القيادة الحديثة.

نظريات القيادة

أولاً : نظرية السمات

ترى هذه النظرية أن ما يجعل القائد قائداً هو امتلاكه لمجموعة من السمات والصفات التي تميزه عن غيره من الناس ، بل وتجعله يترأسهم ، وبمعنى آخر ينطلق رواد هذه النظرية من مسلمة مفادها أن القائد يولد ولا يصنع ، أي أنه يولد ممتلكاً لموهبة القيادة ، فقد قام (جالتون Galton) بدراسة عن القيادة عام 1879 ، والتي خلص من خلالها إلى أن القادة لديهم بُعداً وراثياً مكنهم من أن يكونوا قادة ، كما قام (تشيسيل Chiselle) بدراسة عن القيادة ، فخلص إلى أن القائد يتمتع بسمات رئيسة ست هي:

- **المقدرة الفائقة على المتابعة** : فالقائد أكثر مقدرة من غيره على مراقبة الأعمال وتوجيه الأفراد للقيام بعمل ما.

(1) احمد محمد الطبيب ، الإدارة التعليمية : أصولها وتطبيقاتها المعاصرة ، م.س ، ص58 ، بتصرف.
(2) محمود المساد (2003) الإدارة الفعالة ، ط1 ، مكتبة لبنان ناشرون ، بيروت ، ص107 ، بتصرف.

- **الطموح العالي :** حيث يسعى القائد إلى أكبر مستوى من الإنجاز وتحقيق الأهداف.
- **الثقة العالية بالنفس :** وهذه السمة ناجمة عن امتلاك القائد لزمام الأمور مما يولد لديه إحاطة كاملة بجوانب العمل مما يسهم في زيادة ثقته بنفسه وبمقدرته على إنجاز المهمات.
- **الذكاء العالي :** فالقائد بسبب مهامه المتسمة بالصعوبة وكبر حجم مسؤولياته لابد أن يكون متسماً بالذكاء والفطنة ، وأن يكون لماحاً للإشارات التي تعينه على تحسين إنجاز المهمات وتحقيق الأهداف المرجوة.
- **المبادأة :** فالقائد هو الشخصية الأبرز في أية مؤسسة ، لذا فإن من الطبيعي أن يكون ممتلكاً لزمام المبادرة في الأمور كلها.
- **الجرأة في اتخاذ القرار وحسم الأمور :** ولعل هذه السمة هي التي تميز القائد عن غيره من الناس ، وذلك لما يترتب على اتخاذ القرار من مسؤوليات لابد وأن يواجهها المرء.

وقد أوضحت نتائج الدراسات أن العوامل الشخصية ذات أثر كبير في القيادة وفاعليتها ، ولكن ليس بالعودة إلى افتراض نظرية السمات الأساسية أو المسلمة التي بدأت نظرية السمات بالبناء عليها والقائلة إن القادة يولدون ولا يصنعون ، بل من خلال توجهات أكثر اتزاناً ومنطقية وهي أن القيادة الفعالة والقائد الفعال نتيجة لسمات الشخصية وظروف الموقف[1].

(1) محمود المساد ، الإدارة الفعالة ، م.س ، ص109.

والسمات هي خصائص شخصية مميزة للقائد كالذكاء والثقة بالنفس والمظهر الخارجي ، وقد ركز منحى السمات أساساً على القادة على اعتبار أنهم رجال وصلوا إلى درجة عالية من العظمة ، ولعل فكرة أن بعض الأفراد يولدون بسمات تجعل منهم قادة بالفطرة تعتبر جوهرية لمدخل الرجل العظيم ، ولقد أثبتت الدراسات أن ثمة علاقة بين السمات الشخصية ونجاح القادة[1] ، ويرى آخرون أن السمات القيادية يمكن تصنيفها إلى عدة مجموعات ، حيث تتضمن كل مجموعة منها عدة سمات للقائد ، وذلك على النحو الآتي:

01. **القدرات :** وتشير إلى امتلاك القائد لمهارات متعددة يؤدي توظيفها في العمل القيادي إلى تميز القائد عن غيره ، وتظهر هذه القدرات على شكل مجموعة من السمات الذاتية ومنها : مهارات الاتصال والتواصل ، والذكاء ، والقدرة على اتخاذ القرارات في اللحظات الحرجة ، وغيرها.

02. **النشاط الاجتماعي :** ويشير إلى السمات التي يمتلكها القائد من الناحية الاجتماعية وذلك من مثل : المقدرة على التعاون والمشاركة ، والتكيف مع الآخرين ، وامتلاك المقدرة على الحوار البناء.

03. **الإنجاز :** ويشير إلى سمات يؤدي امتلاكها من قبل القائد إلى تسهيل عملية تحقيق الأهداف ، ومن تلك السمات : الثقافة الواسعة ، وحب الاطلاع ، والسعي نحو المعرفة ، والخبرة الواسعة ، وامتلاك رصيد من الإنجازات الهامة.

---

(1) زيد منير عبوي ، القيادة ودورها في العملية الإدارية ، م.س ، ص74 ، بتصرف.

04. المهنية : وتشير إلى السمات العملية (التطبيقية) التي يمتلكها القائد ويوظفها في عمله كقائد ، ومن تلك السمات : امتلاك روح المبادرة ، والثقة العالية بالنفس ، والسعي نحو الإبداع والتميز ، والكفاءة.

وهناك بعض الصفات الشخصية للقادة منها[1]:

- **الصفات الجسدية :** وتتضمن العمر والنشاط والطاقة.

- **الذكاء والقدرة :** وتتمثل في الحكم والحسم والمعرفة.

- **خصائص العمل :** وتتضمن إتقان العمل وتحمل المسؤولية وإنجاز الأهداف.

- **الصفات الشخصية :** وتتضمن الأصالة والإبداع والأخلاق الرفيعة والثقة بالنفس.

- **الصفات الاجتماعية :** وتتضمن التعاون والرغبة في التفاعل الإيجابي مع الآخرين.

فالفرد وفقاً لنظريات السمات هو محور الاهتمام إذا تم تحديد خصائصه وصفاته التي تميزه كقائد ناجح ، فبعض هذه النظريات اتخذت من الصفات الجسمية مسوغاً لتضفي على القائد الهيبة والمكانة للتأثير على الآخرين ، و يعتبر بعضها أن القائد يتمكن من جعل الآخرين مقلدين له (نظرية التقليد) ، وترى نظرية القوى النفسية الخاصة أن القائد يتميز بقوىً نفسية وراثية قد تولد نوعين من القيادة هما : النوع المنبسط المتسم بقوة التعبير والفهم وتنمية العلاقات بين

---

(1) المرجع السابق ، ص74 - ص75.

الأفراد ، فيكون عملياً وواقعياً ، والنوع المنطوي بمعنى المنغلق ومحدود العلاقات ، فيكون أقرب إلى الخيال(1).

ولقد أثبتت الدراسات التي أجريت لاحقاً حول هذه النظرية عدم منطقية بعض افتراضاتها ، فقد كان ثمة انتقاد للافتراض الذي انطلقت منه هذه النظرية والذي يرى أن القائد يولد ولا يصنع ، حيث ترى تلك الدراسات أن القيادة تنجح وتصبح أكثر كفاءة وفاعلية استناداً إلى عوامل ذاتية بالإضافة إلى معطيات الموقف ، وبمعنى آخر توصلت تلك الدراسات إلى أن ثمة سمات شخصية وموقفية يتسم بها القائد الناجح ومنها : الجرأة والحزم والمواظبة والثقة بالنفس والتقدير العالي للذات ، والقدرة على تحمل ضغط العمل ، وتقبل النقد ، والمبادرة نحو حل المشكلات ، والسعي نحو اتخاذ القرارات الصائبة ، والمقدرة على إقناع الآخرين ، والفاعلية في النشاطات الاجتماعية.

ويشير الأدب التربوي إلى عدم وجود سمات معينة تميز القادة عن غيرهم من الأفراد ، فقد يمتلك فرد ما مهارات قيادية في حل مشكلة ما ولكنه لا يحسن التصرف في مشكلة أخرى ، وبعد مراجعة دقيقة لأكثر من مائة دراسة أجريت حول السمات القيادية خلص (ستوغدل) إلى فكرة مفادها أن القائد في موقف ما ليس بالضرورة أن يكون قائداً في موقف آخر.

إن هذه النظرية التي تعتبر واحدة من أولى النظريات التي بحثت في القيادة نظرية متطورة ونامية باستمرار ، فحين ظهرت مطلع القرن العشرين ركزت على

---

(1) أحمد محمد الطبيب ، الإدارة التعليمية : أصولها وتطبيقاتها المعاصرة ، م.س ، ص140 - ص143 ،بتصرف.

تمييز الرجال العظماء في الميادين كافة وبخاصة السياسية والعسكرية منها ، ثم انتقلت لإظهار علاقة الموقف بالقيادة ، وما لبثت أن عادت لإبراز دور السمات في إيجاد القيادة الفاعلة.

وقد ركزت حين ظهورها على تحديد السمات التي تميز القادة عن غيرهم ، فمثلاً رأى (تيد) أن هناك عشر سمات أساسية للقيادة الفاعلة وهي :

- الودية في التعامل مع العاملين واحترام إنسانيتهم.

- الحزم في الفصل في القضايا الشائكة في المؤسسة.

- المهارة في حل المشكلات استناداً إلى المعرفة والخبرة.

- توظيف الوسائل التقنية لخدمة أغراض المؤسسة ومراميها.

- الإيمان بقدرته وقدرة العاملين معه على تسيير أمور المؤسسة.

- الحماس في العمل وبث النشاط والروح المعنوية العالية لدى العاملين.

- النزاهة في التعامل مع الأفراد ذوي التوجهات والأفكار والثقافات المتباينة.

- الذكاء والفطنة في التعامل مع المواقف والمستجدات والتحديات التي تواجه المؤسسة.

- القوة الجسدية والعقلية التي يمتلكها القائد والتي تعبر عن جاذبيته من خلال تناسق بنيته.

- الإحساس بالأهداف والاتجاهات التي تسعى المؤسسة إلى تحقيقها وإنجازها، فمن خلال الإحساس يتولد الاهتمام.

وقد قام (بارنارد) بإدراج قائمة أخرى للسمات التي تميز القادة عن الأتباع وهي:

- الفهم والاستيعاب إزاء حيثيات العمل المعقدة.

- امتلاك المقدرة التقنية لمواجهة القضايا الطارئة.

- التحلي بالصبر والجلد عند التعرض لضغوط العمل .

- المهارة في القيام بالواجبات والمهام المختلفة في المؤسسة.

- الشجاعة والجرأة في مواجهة التحديات وعدم الاستسلام للعقبات.

- امتلاك ذاكرة قوية تمكنه من مقارنة العلاقات في القضايا المختلفة.

- الانتباه المستمر والحذر في كافة المواقف خشية الانزلاق في المخاطر.

- البنية الجسمية القوية والتي تمكن القائد من القيام بأعماله بالطريقة الفضلى.

- التصميم والمثابرة على إتمام العمل بأحسن صورة. امتلاك المعرفة المتخصصة والدقيقة فيما يتصل بالمهام والوظائف المتنوعة في المؤسسة.

وعليه فإن السمات القيادية تسير في اتجاهين رئيسين هما : السمات الفطرية، والسمات المكتسبة.

وفي محاولة لتمييز وتقييم نوعيات القيادة وسمات القيادة الفطرية التي تميز القادة عن غيرهم ، استنتج (جيننغز) بأن خمسين سنة من البحث قد أخفقت في إيجاد سمة شخصية واحدة أو مجموعة سمات يمكن استخدامها لتمييز القادة من غيرهم ، ويشير أدب البحث في هذا المجال إلى بضع نتائج هامة منها : أنه لا

توجد مجموعة محددة من السمات التي تميز القادة من غير القادة عبر تنوع المواقف[1].

إلا أن نظرية السمات جوبهت بانتقادات واسعة لعل من أهمها : عدم وضوح المعلومات والبيانات والنتائج التي يمكن الحصول عليها من خلال السمات والخصائص القيادية ، وعدم اهتمام هذه النظرية بعمليات التفاعل بين القائد والعاملين معه ، وإغفالها لدور العاملين في زيادة فاعلية القائد.

وباختصار فإن نظرية السمات نظرية حية ومستمرة ، إذ بدأت بالتأكيد على تمييز أنواع الأفراد العظماء ، ومن ثم تحولت لحصر تأثير المواقف على القيادة ، وحالياً أعادت التأكيد على الدور الحساس للسمات في القيادة الفعالة والمؤثرة[2].

وأخيراً فإن ثمة غموض يكتنف قوائم السمات المدرجة عموماً ، فقد ركزت نظرية السمات على الدور المؤثر للقائد في المؤسسة في حين أغفلت عمليات التفاعل بين القائد والعاملين ، إلى حد أن البعض رأى بأن إدراك القائد لمفهوم القيادة يؤثر بقوة في درجة امتلاكه للسمات القيادية الشخصية الامر الذي يجعله شخصاً متميزاً عن غيره من الناس ، إضافة إلى الاهتمام المتجدد والمتواصل بنظرية السمات من خلال الدراسات حول القيادة الحالمة والمؤثرة.

---

(1) هشام يعقوب مريزيق ، دراسات في الإدارة التربوية ، م.س ، ص105، بتصرف.
(2) المرجع السابق ، ص106.

ثانياً : نظرية الموقف (الظرف)

ترى هذه النظرية أن القيادة تظهر مـن خـلال المـوقـف بمـا يتضـمنه مـن ظروف ومعطيات مختلفة ، وبذلك فإن أي موقف يواجه القائد يتطلب مسؤوليات ومهام مختلفة عن تلك التي يتطلبها موقف آخر ، وفي هذا إشارة واضحة إلى أن ثمـة تفاعل وصلة وثيقـة بين القيادة والبيئة المحيطة (الموقف) ، فالقائد الفاعل وفقاً لهذا المعنى هـو القائد الـذي يتكيف مع المواقف المتنوعـة التي يتعرض لها ، فيتعامـل مـع كـل موقف وفقـاً لظروفـه ولمعطيات البيئة المحيطة.

وهنـاك صـفتان هامتان للنظريـة الموقفية ، فهـي تنطبـق عـلى كـل مـن الأفراد والمجموعات ، كما تخاطب كلاً من العلاقات الهرمية والكلية ، لذا يجب أن يكون لها تطبيق سواء أكان أحدهما يحاول التأثير في سـلوك العـاملين أم المسـؤولين أم الـزملاء ، وتتعامـل النظرية الموقفية مع سلوك القائد وليس مع شخصيته ، حيث تصنف سـلوكياته إلى أربعة أنماط رئيسة هي الأسـلوب العـالي في المهمـة والمـنخفض في العلاقات ، والأسـلوب العـالي في المهمة والعلاقات ، والأسـلوب العـالي في العلاقات والمـنخفض في المهمـة ، وأخـيراً الأسـلوب المنخفض في المهمة والعلاقات ، وتعتمد فاعليـة هـذه الأنمـاط عـلى ظروف المـوقف حيـث تستخدم النظرية الموقفية متغيراً واحداً فقط لتحليل طبيعة الموقف هو النضج[1].

وليس هناك اتجاه أو طريقة فضلى للقيادة بمنأى عـن المـوقـف ، كمـا أنـه لا يوجد وصفة إدارية تنطبق على جميع المؤسسات في كل زمان ومكان ؛ وذلك بسبب اعتماد القيـادة وفقـاً لهـذه النظريـة عـلى عوامـل عـدة مـن أهمهـا : الجاذبيـة

---

(1) محمود المساد ، الإدارة الفعالة ، م.س ، ص131.

الشخصية للقائد (طبيعة القائد) وطبيعة العاملين ، وماهية العمل المراد تنفيذه إضافة إلى تأثيرات البيئة المادية المحيطة[1] ، وقد ظهـرت النظريـات الموقفيـة في مسـتهل العقـد السادس من القرن العشرين ، وظهر اهتمامها بدراسـة التفاعـل بـين القائد وبـين متغيرات الموقف المعني المؤثرة بدورها على السلوك القيادي للقائد ، وكان أول مـن بحـث في هـذا الموضوع هم علماء النفس الاجتماعي الـذين أرادوا تعـرف العلاقـة بـين الظروف الموقفيـة وأداء كل من القادة والعاملين ،   فالنظريات الموقفية تُعنى بمتغيرات ومستجدات الموقف استناداً على مركز القائد في المؤسسة ، كما تهتم بالبيئـة المحيطـة ، إلا أنها تهمل الجوانـب الشخصية على اعتبار عدم وجود سمات بعينها في القائد تجعله يصلح لكل موقف.

ولتوظيف النظرية الموقفية في العمل سواء أكان تربوياً أم غـير تربـوي ينبغـي عـلى القائد تقييم العاملين معه واعتماد النمط القيادي المناسب ، أما إذا كان ثمة واحد أو أكـثر من العاملين لديه درجة متدنية من الجاهزية فيجب على القائد تـوخي الدقـة والموضـوعية وتعريف هؤلاء العاملين بطبيعة العمل المرغوب فيه ، أما العاملين الذين يتمتعون بجاهزية عالية فيجب على القائد أن يزودهم بأهداف عامة وبسلطة كافية لإنجاز المهمة ، وبناء على ذلك ينبغي على القائد تشخيص درجة جاهزية العـاملين ومـن ثـم يتبـع الأسـلوب القيـادي الملائم[2]

---

(1) لبنى الشامي وماركو إبراهيم (2001) الإدارة : المبادئ الأساسية ، ط1 ، المركز القومي للنشر، عمان ، ص79 ، بتصرف.

(2) زيد منير عبوي ، القيادة ودورها في العملية الإدارية ، م.س ، ص 84 ، بتصرف.

وعليه يمكن الاستنتاج بأن الموقف في أية عملية قيادية يستند على جملة من الأمور لعل من أهمها ما يلي :

◆ قوة مركز القائد.

◆ درجة وضوح معايير ومسؤوليات العمل المؤسسي.

◆ الجاذبية الشخصية للقائد ودرجة رضا وتقبل العاملين له.

وتؤكد القيادة الموقفية في الميدان التربوي على ضرورة اعتماد المنهج العلمي في مواجهة المشكلات والتحديات التربوية والتعامل معها من منظور واقعي واستناداً إلى ظروف ومعطيات الموقف المعني[1] وباختصار فإن نظريات الموقف ترى أن القيادة تأثير متبادل بين القائد والموقف ، وتركز على القيادة في كافة المواقف ، ولعل ذلك يعود إلى أن فرضيات النظرية تمت صياغتها للمواقف والحالات المختلفة كالمؤسسات التربوية والصناعية والعسكرية التي تتطلب نتيجة لاختلافها أنماطاً مختلفة من القيادة ، وعليه لابد من اختيار الأسلوب القيادي الأمثل اعتماداً على المواقف المتباينة ، وبناء على ذلك فإن ثمة نماذج متعددة للنظرية الموقفية ، وفيما يلي عرض لبعضها ، حيث تتعدد هذه النماذج بتعدد الميادين أو المجالات التي تدرسها ، ومن تلك النماذج ما يلي :

■ نموذج الطوارئ

ظهر هذا النموذج في أواخر العقد السادس من القرن العشرين بعد أن قام فيدلر ومجموعة من زملائه بدراسة وتحليل العديد من الأساليب القيادية في

---

(1) محمد النوافلة (2002) الإدارة الموقفية التربوية في القرآن الكريم ، ط1 ، دار مجدلاوي للنشر والتوزيع ، عمان ، ص101 ، بتصرف.

مواقف مختلفة داخل المؤسسات بغية تصنيفها لمعرفة إيجابياتها وسلبياتها وبالتالي تعرف أفضلها وأسوئها ضمن البيئة التنظيمية ، وقد استنتج فيدلر أن ذلك يرتبط بعوامل عدة لعل من أبرزها:

- فاعلية العلاقة بين القائد والعاملين.
- درجة وضوح الواجبات والمسؤوليات داخل المؤسسة.
- درجة استغلال القائد لمركزه الوظيفي في عملية التأثير على العاملين.

وتفترض هذه النظرية بأن بعض الأساليب ستكون فعالة في بعض الحالات ، فالأفراد الذين يحفزون للعمل سيكونون فاعلين في الحالات الإيجابية وغير الإيجابية ، بمعنى أنهم سيكونون فاعلين في المواقف التي تسير بسهولة ويسر ، وفي المواقف التي تكون تحت الرقابة أو خارج سيطرة الأفراد ، أما الأفراد الذين يتمتعون بعلاقات نشطة فسيكونون فاعلين في الحالات المناسبة ، فالأشياء تكون ضمن سيطرتهم في بعض المواقف وخارج السيطرة في مواقف أخرى ، أما القائد الذي يتخذ قراراً خاطئاً في المواقف غير المناسبة ،فإنه قد يكون أفضل حالاً من القائد الذي لا يتخذ قراراً أبداً ، ولكي يتوقع فيدلر أساليب فعالة وغير فعالة للقيادة في نظريته ، فقد إستخدم من ناحية تفاعل شخصية القائد كما هي مقاسة من قبل الزملاء ، ومن الناحية الأخرى إيجابية الموقف من خلال علاقات الأفراد بالقائد وخصائص المهمة وقوة مركز القائد [1].

إذاً فقد كان مما أكده فيدلر في ميدان القيادة الموقفية أن للموقف المعني أثر بارز في النمط القيادي الذي يستند عليه القائد ، ويتأثر ذلك أيضاً بقوة العلاقات

---

(1) هشام مريزيق ، دراسات في الإدارة التربوية ، م.س ، ص115.

الإنسانية بين القائد والعاملين وما تتضمنه تلك العلاقات مـن مشاعر الاحـترام والثقـة بـين الطرفين ، بالإضافة إلى درجة وضـوح وواقعيـة أهـداف ومهـام العمـل ، إلى جانـب توظيـف القائد لقوة المركز الذي يشغله في توجيه الموقف والعاملين نحو تحقيق الأهداف المأمولة[1].

- نموذج المسار الهادف

يرى رواد هذا النموذج أن ثمة علاقة وطيدة تربط بين القائد والعاملين وبيئة العمل ، ويستند هذا النموذج على افتراضات ومبادئ نظرية التوقع والتـي تؤكـد انـدفاع العـاملين نحو العمل والإنجاز إذا تـوفرت لـديهم قناعـة بمقـدرتهم عـلى إنجـاز المهـمات والواجبـات بفاعلية ونجاح وأنهم سيحصلون نتيجة لذلك على مكافآت ماديـة ومعنويـة جيـدة ، وبنـاء على ما سبق يمكن تحديد الأنماط التي قد يكون عليها القائد وفقاً لوجهة نظر نموذج المسار الهادف ، وذلك على النحو التالي:

1. القائد المساند : وهو القائد الذي يهتم بمتطلبات وحاجات العاملين ويسعى نحو تحقيقها ، ويتحلى بالودية والإيجابية في تعامله معهم.

2. القائد المرشد : وهو القائد الذي يهتم بتوضيح أسس وأساليب وأهداف العمل للعاملين ، ويقوم بناء على ذلك بتوجيههم وإرشادهم نحو الطرق والوسائل الملائمة للعمل وذلك بغية تحقيق الأهداف المرجوة.

(1) عبد العزيز أبو نبعة (2001) المفاهيم الإدارية الحديثة ، ط2 ، دار مجدلاوي للنشر والتوزيع ، عمان ، ص23 – ص25 ، بتصرف.

90

3. **القائد المهتم بالإنجاز** : وهو القائد الذي يهتم ويؤكد على ضرورة إنجاز الأعمال بفاعلية ونجاح ، لذا فإنه يقوم بالتعاون مع العاملين في صياغة الأهداف الواضحة ويحفزهم نحو تحقيقها بنجاح.

4. **القائد التشاركي** : وهو القائد الذي يهتم بإشراك العاملين في صنع واتخاذ القرارات ، فهو لذلك يحاورهم ويأخذ اقتراحاتهم على محمل الجد ويناقشها معهم ، لاعتماد الملائم منها وتطبيقه داخل المؤسسة.

ويعتبر هذا النموذج من النماذج الاحتمالية في القيادة ، ويتطلب هذا النموذج من القائد أن يقوم بتحفيز العاملين معه نحو إنجاز الأهداف المأمولة ، وذلك باتباع آليات بسيطة ولكنها ذات أثر بالغ في تحقيق الأهداف ومن أبرزها تحديد المهمات والسلوكيات التي يؤدي تنفيذها إلى تحقيق المكاسب والحصول على الحوافز والمكافآت ، إضافة إلى تشجيع العاملين على الاستمرار في خط أو مسار ما لحصول على المزيد من المكافآت الشخصية والمهنية.

وتفترض نظرية المسار الهادف بأن مجال العمل وخصائص التابعين يعدلان العلاقة بين سلوك القائد وأداء العاملين ورضاهم ، وبشكل محدد أكثر إذا كان ثمة غموض أو إلتباس لدى العامل حول طبيعة عمله فإن على القائد أن يوضح طريقة تحقيق هدف العمل ، أما إذا كانت الطريقة واضحة فإن القائد الذي يظهر مستوىً عالياً في الحرص على النظام وطريقة العمل سيسهم في تقليل رضى العاملين[1] .

---

[1] هشام مريزيق ، دراسات في الإدارة التربوية ، م.س ، ص116.

إن نموذج المسار الهادف يرى أن سلوكيات القائد تجاه العاملين وكذلك مستويات الأداء والرضا الوظيفي لدى العاملين تتأثر إلى حد كبير ببيئة العمل وبسمات وخصائص كل من القائد والعاملين ، وعليه فإن من أبرز المهمات التي ينبغي على القائد القيام بها وفق هذا النموذج هي توضيح طبيعة المهمات والواجبات التي لابد أن يتقنها العاملون لتحقيق أهداف المؤسسة ، وهذا يتطلب من القائد إدراكاً ومعرفة واسعة بطبيعة الأعمال التي تحدث داخل المؤسسة.

■ **نموذج البعد الثالث**

يعتبر الاهتمام بالعمل وانجازه وكذلك الاهتمام بالعلاقات القائمة داخل أية مؤسسة بعدين هامين للإشارة إلى النجاح المهني داخل تلك المؤسسة ، إلى أن جاء ريدن Redin فأضاف بعداً ثالثاً دعاه " التأثير " وذلك على اعتبار أن القيادة تكتسب أهميتها من خلال قدرة القائد على التأثير في الآخرين ، فمن دون تأثير قد لا يكون هنالك اهتمام بإنجاز المهمات والواجبات ، ودون تأثير لن يستطيع القائد من توطيد العلاقات وإكسابها صفة الودية والمهنية ، لذا فإن للتأثير حضور بارز في أية مؤسسة يتوافر فيها قائد فاعل ، وذلك من خلال زيادة الدافعية نحو الإنجاز وتحسين العلاقات بين عناصر المؤسسة الواحدة.

ولتحقيق الفاعلية والنجاح للقيادة لابد من الانتباه إلى تكامل جهود وخصائص القائد والعاملين والموقف المعني معاً ، فهؤلاء يشكلون الأساس الراسخ للقيادة وفقاً لوجهة النظر الموقفية[1] ،

---

(1)Samuel .C .Certo (1994) Modern Management Divercity, Quality, Ethics,and Colbal Enviroment , Allyn and Bocon , London , p : 350.

وعليه فإن أسلوب القيادة الذي يتبعه القائد في المؤسسة يؤثر في الموقف المعني بدرجة كبيرة ، فحين يكون هذا الأسلوب القيادي مناسباً للموقف ولمقتضياته فإن القائد سيتسم بالمقدرة على التأثير في ذلك الموقف وبالتالي سيتمكن من التأثير في العاملين ، وهنا ينبغي على القائد اختيار الأسلوب الأمثل للتصرف في كل موقف قد يعترضه ليتمكن من التأثير واكتساب ثقة واقتداء العاملين به وبقراراته.

وبمعنى آخر فإن البعد الثالث يشير إلى بيئة تتطلب حدوث التأثير ، فهذه البيئة تعتبر بمثابة معيار لقياس درجة مقدرة القائد على التأثير في البيئة وفي العاملين معه مع الأخذ بعين الاعتبار طبيعة المؤسسة التي يعمل داخلها وأنماط المواقف التي قد تحدث فيها وكذلك التقنيات والوسائل المعينة على حسن سير العمل بكفاءة.

- **نموذج دورة الحياة**

يهتم هذا النموذج ببحث العلاقة بين أسلوب القائد ودافعية العاملين وإمكانية الوصول من خلالها إلى القيادة الفاعلة والمؤثرة ، كما يهتم هذا النموذج بتعرف كيفية قيام القائد بتحديد وتوضيح المهام والمسؤوليات الموكولة إلى العاملين وكيفية قيامه بوظائفه القيادية ، هذا بالإضافة إلى تحليل العلاقات القائمة بين القائد والعاملين من خلال بحث أساليب ووسائل الاتصال بينهم.

وبناء على ذلك فإن نموذج دورة الحياة يقترح أربعة أنماط رئيسة للقادة وهي:

1. **القائد المشارك** : يركز هذا النمط من القادة على الاهتمام بمستوى عالٍ من العلاقات مع العاملين ، أما العمل (المهمات) فإنها لا تتمتع بقدر كبير من الاهتمام ، فالقائد وفقاً لهذا النمط يعتمد على العاملين للقيام ببعض المهام والواجبات ويقوم بتحفيزهم نحو المشاركة في صنع واتخاذ القرارات بشكل عام ، وفي حالات خاصة يكون اتخاذ القرار من قبل العاملين ، حيث يوافق القائد على مقترحاتهم بشكل تام ويلبي رغبتهم.

2. **القائد البائع** : يسعى هذا النمط من القادة إلى إقناع العاملين بالقرارات التي تم اتخاذها ، وذلك في ظل تركيز واهتمام كبيرين على الاهتمام بالمهمات والواجبات التي تسهم في تحقيق الأهداف إضافة إلى الاهتمام بالعلاقات الطيبة والمتميزة بين القائد والعاملين وبين العاملين أنفسهم.

3. **القائد المخبر** : وهو القائد الذي يخبر العاملين بما تم اتخاذه من قرارات وذلك بهدف تطبيقها لتحقيق أهداف المؤسسة ، ويبرز دور القائد في هذا النمط من خلال عمليات التوجيه والإرشاد التي يقوم بها تجاه العاملين ، بالإضافة إلى ممارسته للرقابة والإشراف على حسن سير العمل ، في ظل اهتمام كبير بالمهمات والواجبات وإغفال واضح للعلاقات داخل المؤسسة.

4. **القائد المفوض** : يبقي القائد نفسه بعيداً عن مسرح الأحداث المؤثرة في سير العمل مع قيامه بدور الرقابة وملاحظة سلوكيات العاملين ، فهو يفوض إليهم السلطات ضمن المستويات الوظيفية التي يعملون ضمن نطاقها فيمنحهم بذلك مسؤوليات صنع واتخاذ القرارات والقيام بالأعمال وفق ما يرونه مناسباً ، وعادة يتسم هذا النمط من القادة بانخفاض الاهتمام بكل من العمل والعلاقات.

ويعتبر هذا التصنيف على جانب كبير من التماثل مع تصنيف (هـيرسي وبلانشـارد) الشهير لأنماط القيادة ، والذي يعتبر بدوره من أكثر التصنيفات شهرة وأوسعها انتشاراً ، ووفقاً لهذا التصنيف تقسم القيادة إلى ما يلي[1]:

■ **الإخبار** : حيث يخبر القائد العاملين معه بما يتوجب عليهم فعله انطلاقاً مـن افـتراض أن هؤلاء العاملين لا يدركون وظائفهم جيداً ، فيقوم بتعريفهم بواجباتهم ويتابعهم باستمرار.

■ **الإقناع** : وهو على العكس تماماً مـن القائـد السـابق حيـث ينطلـق مـن افـتراض أن العاملين يدركون وظائفهم فيكتفي بتوجيههم ومساندتهم مهنياً.

■ **المشاركة** : ويتعامل القائد مع الأفراد على اعتبار أنهم يدركون ما يقومون به فيشركهم في عمليات صنع واتخاذ القرارات.

■ **التفويض** : ويكون القائد فيه واثقاً بقدرات العـاملين مـما يـدعوه إلى إسـناد بعـض المسؤوليات والقرارات إليهم ويكتفي بالتدخل المحدود في بعض الأعمال.

وأخيراً فإن هنالك أساليب متعددة لتوظيف النظرية الموقفية ضمن بيئة العمل ، إلا أن ذلك محكوم باعتبارات متعددة لعل من أهمها:

■ القرارات الصادرة من القائد.

(1) إسماعيل السيد وآخرون (1997) تنمية المهارات القيادية والسلوكية : تدريبات وأنشطة ، المنظمة العربية للتنمية الإدارية ، القاهرة ، ص12 - ص184.

95

■ دافعية العاملين نحو تحقيق الأهداف.

■ العلاقات الاجتماعية والانفعالية بين القائد والعاملين.

أما المؤسسة التربوية فإن نجاح القيادة الموقفية فيها محكوم باعتبارات عـدة مـن أهمها[1]:

1- اختيار الطريقة الملائمة للاتصال استناداً على طبيعة الموقف المعني.

2- تفعيل الاجتماعات واللقاءات المتضمنة للحوار في القضايا التربوية الهامة للمؤسسة.

3- التواصل مع العاملين (المعلمين) والاستفادة من المواقف التي يتم التواصل فيها.

4- تقديم التغذية الراجعة حول المواقف المختلفة وتزويد العاملين بها.

ثالثاً : النظرية السلوكية

تركز هذه النظرية على السلوكيات القيادية التي يمكن ملاحظتها في القائد من قبل العاملين ، ويشير الأدب التربوي في هذا المجال إلى أن السلوكيات القيادية التي تدرسها هذه النظرية تنقسم إلى قسمين رئيسين هما: الأعمال (المهمات) و العلاقات ، فالمهمات تعتبر مؤشراً واضحاً على تحقيق الأهداف أو عدمه وذلك من خلال سعي القادة لتحفيز العاملين ودفعهم نحو العمل والإنجاز ، أما العلاقات فإنها تسهم في تحسين الصحة النفسية لدى العاملين وزيادة تكيفهم مع أنفسهم ومع بعضهم البعض الأمر الذي يسهم في زيادة الرضا لدى العاملين

---

(1) شاكر فتحي وآخرون (1988) الإدارة المدرسية في مرحلة التعليم الأساسي ، دار النهضة العربية ، القاهرة ، ص170 ، بتصرف.

وإقبالهم نحو العمل بكفاءة وفاعلية ، وبناء على ذلك فإن النظرية السلوكية تسعى إلى توظيف سلوكيات المهمات والعلاقات معاً ليستفيد منها القائد ويتمكن من التأثير على العاملين لتحقيق أهداف المؤسسة.

ومن أبرز رواد ومنظري النظرية السلوكية " دوغلاس ماكروجر " الذي اقترح نموذجين للقيادة ورسم من خلالهما صورتين متناقضتين تماماً للقادة من خلال تقديمه لافتراضات حول كل نموذج من هذين النموذجين ، وقد اكتسبت وجهة نظر ماكروجر شعبية واسعة في الأوساط التربوية والإدارية.

وقد عُرِف النموذج الأول بالنموذج الإيجابي (الديمقراطي) وأطلق عليه اسم " نظرية Y " ، حيث تنظر هذه النظرية إلى القائد والعاملين نظرة إيجابية وترى أن الأفراد لديهم بطبعهم درجة عالية من الانتباه والإدراك والإيجابية وحب العمل والإنجاز والحرص على مصلحة المؤسسة التي يعملون فيها ، كما أن لديهم استعداداً لتحمل المسؤولية ومواجهة التحديات والعقبات التي تواجههم ، هذا بالإضافة إلى التزامهم بالتعليمات والقرارات الصادرة عن المستويات العليا بقناعة تامة ، لذا فإن الأسلوب القيادي الأمثل مع مثل هؤلاء العاملين هو الأسلوب الديمقراطي الإيجابي.

وفي المقابل عُرف النموذج الثاني الذي اقترحه ماكروجر بالنموذج السلبي (التسلطي أو الاستبدادي أو الديكتاتوري) وأطلق عليه اسم " نظرية X " ، حيث تنظر هذه النظرية إلى الأفراد نظرة سلبية للغاية فترى أنهم لا يقومون بالأعمال الموكولة إليهم إلا بالتهديد والتلويح بالعقوبات ، فالعاملون وفقاً لهذه النظرية لا يحبون تحمل المسؤولية ولا يمتلكون طموحات وأهداف مستقبلية ،

لذا لابد من توجيههم وتنظيم أسس العمل أمامهم والسيطرة عليهم ومراقبتهم لأنهم غير ناضجين نوعاً ما للقيام بالمهمات بالطريقة الفضلى ، وهذا ما يدعو القائد للتشدد والتفرد بالسلطة وتوظيف الإجراءات الاستبدادية في علاقته بالعاملين ، ولعل ما يدعوه لذلك أيضاً استناده إلى قوة المركز الذي يشغله في المؤسسة.

وقد خضع هذان النموذجان لبحوث ودراسات متعددة خلصت إلى عدم التطرف في النظر إلى سلوكيات وخصائص القادة والعاملين ، فقامت تلك الدراسات بتحليل وتصنيف افتراضات نظريتي (X) و (Y) واقترحت نموذجاً وسطياً تنوعت فيه الافتراضات من النظريتين السابقتين ، ومن أبرز تلك الدراسات التي يمكن اعتبارها نماذج للنظرية السلوكية : نموذج جامعة أوهايو ، ونموذج جامعة ميشيغان ، ونموذج الشبكة.

ففي أواخر النصف الأول من القرن العشرين شرع مكتب العمل في جامعة أوهايو بدراسة وتحليل سلوكيات القيادة في المواقف المختلفة ، وقد تم التوصل إلى شمول السلوكيات القيادية لمبدأين هامين هما : التركيبة الوظيفية (المهام والأعمال) والعلاقات الإنسانية ، فالقائد الفاعل يسعى بحزم نحو إنجاز المهمات والحصول على أفضل النتائج من خلال صياغة وتنفيذ خطة عمل شاملة ومتكاملة ، وما يتضمنه ذلك من تعاون مع العاملين وتشجيعهم على إنجاز المهمات الموكولة إليهم بكفاءة واقتدار ، بالإضافة إلى اتخاذ القرارات النافعة للمؤسسة ، كما أن القائد الفاعل – وفقاً لدراسات جامعة أوهايو – يحدد الأسس العامة للعمل في المؤسسة ، ويسعى إلى تطوير وسائل وأساليب الاتصال والتواصل مع العاملين وتنمية علاقات الاحترام والثقة المتبادلة معهم.

ويعتبر السلوك القيادي الذي يحدث عند نقطة التقاء مبدأ المهمة مع مبدأ العلاقات (الأخذ بكلا المبدأين) من أفضل الأساليب القيادية وأكثرها نفعاً وفائدة للمؤسسة ويمكن اعتباره السلوك القيادي الأمثل ؛ لأن هذا السلوك يضمن – بشكل أكبر من غيره – إمكانيـة إنجاز المهمات بنجاح وتحقيق الأهداف المرجوة بكفاءة وفاعلية ، كـما يضـمن الأخـذ بعـين الاعتبار رضا العاملين وتلبية رغباتهم وميولهم.

فالقائد ضمن مبدأ المهمة يهتم بتحديد وتوضيح الأهداف للعاملين ، كـما يهـتم بعمليات التنظيم والتوجيه والرقابة والمتابعة ، أما ضمن مبدأ العلاقات فإن القائد لا يتمتـع بقوة مهنية ولا يسهم في تحسين جودة العمل ، فهو يسهم في التأثير بـالأفراد مـن الناحيـة الشخصية فحسب ، وكما استنتج رواد نموذج جامعة أوهايو فإن القادة الفاعلين هـم أولئـك الذين يحققون نتائج متميزة ضمن كلا المبدأين ، كما استنتجوا بأن النجاح في أحد المبـدأين لا يعني بالضرورة النجاح في المبدأ الآخر.

ومن خلال نموذج جامعة أوهايو يمكن استنتاج ما يلي:

■ أن مبدأ المهمة مؤشر هام للإنجاز.

■ أن مبدأ العلاقات مؤشراً هاماً للرضا الوظيفي لدى العاملين.

■ أن مبدأ المهمة يتطلب من القائد أن يتقبل آراء العاملين ومقترحاتهم.

■ أن القائد الذي يوظف كلا المبدأين يسهم في زيادة كفاءة وفاعلية العاملين.

■ أن يظهر القائد غير الرسمي حين يفشل القائد الرسمي في القيام بمهامه على الوجه الأمثل.

أما نموذج جامعة ميشيغان فقد ظهر حين شرع مركز البحوث المسحية في الجامعة بدراسة سلوكيات القيادة ، وقد صنفت الدراسات تلك السلوكيات إلى نمطين أساسيين همـا : الاهتمام بالعاملين ، والاهتمام بالإنجاز ، حيث يشير النمط الأول إلى سلوكيات يتبعها القائـد في تفاعله مع العاملين داخل المؤسسة ومن تلك السلوكيات : تقبل العاملين والاقتراب مـنهم وتنمية العلاقات معهم واحترام إنسانيتهم ومحاولة تلبية احتياجاتهم ومتطلباتهم الشخصية ، ويعتبر هذا النمط رديفاً لمبدأ العلاقات في نموذج جامعة أوهـايو ، أمـا الـنمط الثاني فإنه يشير إلى سلوكيات يتبعها القائد بغيـة تحسـين جـودة العمـل والإنتـاج وذلك مـن خـلال التخطيط السـليم للعمـل والاهـتمام بطـرق وأسـاليب إنجـاز المهـمات ، إضافة إلى القيـام بعمليات التوجيه والإشراف والمتابعة بشكل فاعل.

أما نموذج الشبكة فقد ظهر لأول مرة في العقد السادس من القرن العشرين ويهدف إلى مساندة القادة في القيـام بـأعمالهم مـن خـلال سـلوكيات قيادة تـم تصـنيفها أيضاً إلى سلوكيات تعنى بالإنتاج وأخرى تعنى بالعاملين ، فسلوكيات الإنتاج تهـتم بإنجاز الوظـائف والأعمال ، أما سلوكيات العاملين فتتضمن سلوكيات يقوم بها القائد لتحسين بيئة العمل من خلال احترام العاملين والثقة بهم وتنمية العلاقات معهم.

وقد تم تحديد خمسة أنماط للقيادة وفقاً لنموذج الشبكة ، وذلك على النحو التالي:

- **القيادة التسلطية** : وتشير إلى اهتمام كبير بالإنتاج في حين ينخفض الاهتمام بالعاملين.

- **القيادة الإنسانية** : وهي على النقيض تماماً من القيادة التسلطية ، حيث تتضمن اهتماماً عالياً بالعاملين مع عدم التركيز على الإنتاج.

- **القيادة الديمقراطية** : وتدعى أيضاً بقيادة الفريق ، وهي تتضمن اهتماماً عالياً بكل من الإنتاج والعاملين.

- **القيادة الضعيفة** : وتمثل درجة متدنية للقيادة في كلا الجانبين ، حيث تتضمن اهتماماً ضعيفاً بكل من الإنتاج والعاملين.

- **القيادة المعتدلة** : وتتضمن اهتماماً متوسطاً بكل من الإنتاج والعاملين.

رابعاً : نظرية القيادة التحويلية

وهي نظرية حديثة نسبياً ، إذ ظهر الاهتمام بها في مستهل عقد الثمانينيات من القرن العشرين ، وقد أضافت أفكاراً جديدة إلى دراسات القيادة منها : التأكيد على الجاذبية الشخصية للقائد ، ومقدرته على تحقيق أهداف ومرامي المؤسسة ، وبراعته في توجيه العاملين ليكونوا قادة ، ويعود ذلك إلى مقدرة القائد الفائقة على التأثير في الآخرين.

ويمكن القول أن هناك نوعين للقادة بشكل عام هما : القائد النفعي ، والقائد التحويلي ، فالأول يناشد المصلحة الشخصية ، ويعتبر القيادة عملية تبادل أو صفقة بينه وبين العاملين ، وبمعنى آخر يمكن القول أن القائد يخاطب العامل قائلاً : " سأعتني بمصالحك إذا اعتنيت أنت بالعمل " ، وبالرغم من أن هذه النظرة قد لا تكون خاطئة ، إلا أن القائد يخفق في الأداء بأن يجعل العامل يلتزم بما هو مطلوب منه ، ولكن لإنجاز ذلك لا بد للقائد أن يقدم مؤثرات أو سمات تحويلية سن تلك التي ذكرت سابقاً ، أما القائد التحويلي فهو القائد الذي يكتسب الأمانة والثقة والإعجاب والولاء من أتباعه ، وبالتالي فإن العاملين

يحفزون لممارسة المستويات العالية من الجهد بغض النظر عن إحساس الولاء الشخصي ـ للقائد أو حتى المنظمة [1].

ويشير مفهوم القيادة التحويلية إلى المقدرة على التغيير المؤسسي الإيجابي وذلك من خلال الرؤية الثاقبة والجاذبية الشخصية اللتين يتحلى بهما القائد ، كما يشير هذا المفهوم إلى عملية التغيير التي تحدث للعاملين بفعل توجيه اهتمامهم نحو القيم والاتجاهات والمعايير الأخلاقية ، وإكسابهم المقدرة على صياغة وتحقيق الأهداف طويلة الأجل ، ويتم ذلك بتقييم أوضاع العاملين وتعرف احتياجاتهم ومطالبهم ومحاولة تحقيقها ، في ظل سيادة معاني الثقة والاحترام وحسن التعامل ، فالقائد التحويلي يسعى إلى مساعدة العاملين لتحقيق أعلى مستويات الإنجاز وذلك من خلال تنمية قنوات الاتصال معهم وتحفيزهم وتشجيعهم على التحلي بالقيم الأخلاقية الإيجابية.

والقيادة التحويلية ترفع اهتمام العاملين من مستوى الاحتياجات الفيزيائية الأقل إلى مستوى فسيولوجي أعلى مثل تقدير الذات ، كما تلهمهم لتجاوز مصالحهم الشخصية والاهتمام بمصلحة الجماعة ، إضافة إلى أنها ترسم رؤية للمستقبل المرغوب فيه ، وتربطه بطريقة تجعل ألم التغيير يستحق الجهد المبذول [2].

ويمكن وصف القائد التحويلي بأنه القائد الذي يهتم بتدريب العاملين معه ليصبحوا قادة في المستقبل ، وهو بذلك يستثمر طاقاتهم وأفكارهم لتطوير

---

(1) هشام مريزيق ، مرجع سابق ، ص122.
(2) زيد منير عبوي ، القيادة ودورها في العملية الإدارية ، م.س ، ص96 .

العمل في المؤسسة ، كما أن القائد التحويلي متعاون بطبعه ولا يتفرد في صنع واتخاذ القرارات وإنما يعزز مبدأ العمل التعاوني القائم على الاستفادة من خبرات جميع العاملين في المؤسسة ، فهو – أي القائد التحويلي – لا يخشى على مركزه منهم بل إنه يعتمد عليهم في كثير من الأمور فيفوض لهم بعض الصلاحيات ليتدربوا على اتخاذ القرارات بأنفسهم والثقة بمقدرتهم على تسيير الأمور في حال غياب القائد .

ويتميز القائد التحويلي عن غيره بعدة خصائص من أهمها:

● **تفويض السلطات** : حيث يقوم القائد التحويلي بتخويل بعض العاملين القيام باتخاذ قرارات معينة كل ضمن مستواه ، وذلك بهدف الحد من الروتين الذي يشكل عقبات كبيرة في كثير من الأحيان.

● **الجاذبية** : حيث يتمتع القائد التحويلي بمقدرة فائقة على جذب انتباه واقتناع العاملين به وبقراراته ، وكذلك الثقة العالية بأفكاره ، مما يجعلهم مدفوعين ومتحمسين للعمل الجاد.

● **المعرفة والخبرة** : فمن خلال المعرفة النظرية والخبرة العملية الواسعة يتمكن القائد من توضيح الأهداف والمهام للعاملين ، ويعمل من خلال رؤيته المستقبلية المتسمة بالتفكير التأملي على تحقيق أهداف المؤسسة بأسلوب تعاوني.

● **التنمية الثقافية** : ويعني ذلك تدريب العاملين على زيادة رصيدهم الفكري والثقافي والسعي نحو الاطلاع على كافة المستجدات وذلك بهدف امتلاك

المعرفة الكافية بالمؤسسة التي يعملون فيها وبأساليب العمل ، وبالتالي المقدرة على اقتراح بدائل الحل المناسبة لمواجهة المشكلات والتحديات.

- **الموضوعية** : وتعني أن القائد التحويلي يتمتع بالنزاهة والحيادية في التعامل مع المعطيات داخل المؤسسة ، وبناء على ذلك يكتسب ثقة العاملين واحترامهم نظراً لاستقامته وصدقه في التعامل معهم ومع المواقف المتباينة في المؤسسة.

إن القيادة التحويلية تطور العاملين ليصبحوا قادة ، فيعطى العاملون حرية أكبر للتحكم بسلوكهم ، ويركز القادة التحويليون على طبيعة غير ملموسة مثل الرؤية والقيم المشتركة والأفكار من أجل بناء علاقات وإشراك العاملين في عملية التغيير ، فالقيادة التحويلية مبنية على القيم الشخصية وعلى المعتقدات[1]

وفي الميدان التربوي تتأثر القيادة بمؤثرات وتغيرات يصعب التنبؤ بها أو ضبطها ؛ لذا ينبغي على القائد التربوي أن يوضح للعاملين معه رؤية المؤسسة التربوية التي يقودها ، وعليه ينبغي أن يكون قدوة لهم فيتصرف بعقلانية وفق مقتضيات العمل التربوي الجاد والمنتج ، مما يسهم في اقتداء العاملين (المعلمين) به وتمثل سلوكياته ، وتسعى القيادة التحويلية في الميدان التربوي إلى تحقيق الأهداف التالية:

- تنمية وتطوير البعد المهني لدى العاملين في الميدان التربوي ، ويتم ذلك من خلال العمل التعاوني بين القائد والعاملين والالتزام بروح الفريق منذ بداية العمل المتمثلة بالتخطيط وحتى اتخاذ القرار ، ويستوجب ذلك من القائد

(1) زيد منير عبوي ، القيادة ودورها في العملية الإدارية ، م.س ، ص95.

التربوي تقبل آراء ومقترحات العاملين وأخذها على محمل الجد ومناقشتهم فيها بطريقة تعزز العمل المؤسسي الهادف إلى تحقيق منفعة جميع أطراف العملية التربوية ، وبذلك تزداد ثقة العاملين بأنفسهم وبقائدهم كما تزداد محاولاتهم لتطوير العمل داخل المؤسسة.

- تحقيق رغبات وتطلعات العاملين في الميدان التربوي ، وذلك من خلال تعرف احتياجات العاملين الشخصية والمهنية ومحاولة تلبيتها ضمن الموارد المتاحة ، ومحاورتهم في المقترحات والآراء التي يتقدمون بها لتنمية أنفسهم على المستويين الشخصي والمهني ، وتجدر الإشارة إلى أن تلبية احتياجات العاملين تتطلب إدراكاً تاماً من قبل القائد والعاملين بطبيعة المؤسسة التي يعملون بها وأهدافها ، كما تتطلب وضوحاً وواقعية الرغبات والميول التي يتطلع إليها العاملون.

- إكساب العاملين (المعلمين) المهارات اللازمة لمواجهة التحديات والعقبات التي تعترضهم ، فالقائد التحويلي يقف إلى جانب العاملين في كافة القضايا التي تتطلب مهارات خاصة للتعامل معها ، فيقوم نتيجة لخبرته الطويلة وتجاربه العديدة بتدريب العاملين على أسس ومهارات حل المشكلات بطريقة علمية وذلك من خلال توظيف أساليب متعددة قائمة على المعرفة والخبرة والإبداع في حل المشكلات.

وللقيادة التحويلية في المؤسسات التربوية عناصر محددة تسهم من خلال توافرها في الشخص (القائد) في تبيان معالم وأدوار القائد التحويلي في المؤسسة التربوية ، وهذه العناصر هي:

● **الجاذبية الشخصية** : حيث تسهم جاذبية القائد التحويلي في إحداث تأثير عظيم على العاملين ، فيكون له موقعاً خاصاً لدى العاملين معه ، فيقتدوا به ويتمثلوا سلوكياته في كافة المهمات التي يقومون بها داخل المؤسسة وقد يمتد ذلك إلى خارجها.

● **التفكير التأملي** : فالقائد التحويلي يبقى دائم البحث والتفكير في القضايا التي يواجهها وتواجهها مؤسسته ، فهو لا يرضى بالجمود وتقبل الأمر الواقع على مساوئه ، بل إنه يمارس التفكير العميق حيال المشكلات المختلفة ويظل دائم التساؤل والشك في الاقتراحات والآراء التي يتم تقديمها لمعالجة المشكلات ، ويبقى كذلك حتى يتبين ويختار البديل الأنسب للحل ، ولا يعني ذلك أن القائد التحويلي غير واثق بنفسه أو بقدراته أو بالعاملين معه ، بل إنه باحث جاد عن الحقيقة والصواب لتحقيق المنفعة للجميع ، ومشجع ومحفز للعاملين معه ليحذوا حذوه في البحث والتفكير المتأمل والهادف.

● **مراعاة الفروق الفردية** : فالقيادة التحويلية تتضمن الملاحظة الدقيقة لكل ما يجري في المؤسسة التربوية ، ويظهر من خلال تلك الملاحظة الفاحصة أن ثمة فروق فردية بين الأفراد في المؤسسة ، لذا يكون التعامل معهم ضمن قدراتهم واهتماماتهم ، ولا يتم تكليف أي فرد بمسؤوليات تفوق قدراته أو تتعارض مع اهتماماته ، ذلك أن القائد التحويلي يعتمد من أسلوب الإقناع وسيلة لشحذ همم العاملين وتشجيعهم على الإبداع والعمل بكفاءة ، وبما أن المؤسسة التربوية تقدم خدمات جوهرية للمجتمع فإن ذلك يتطلب من القائد مراعاة الفروق الفردية بين العاملين وتوزيع المسؤوليات عليهم بناء على ذلك ، ليتمكنوا من القيام بواجباتهم بدافعية عالية واهتمام كبير واقتناع أكيد.

● **تنمية وتعزيز الدافعية لدى العاملين** : ويتم ذلك من خلال توضيح الأهداف العامة والخاصة للمؤسسة التربوية للعاملين وحثهم على تحقيقها ، وفي الوقت عينه يتم تشجيعهم وإشراكهم في صنع واتخاذ القرارات ليتحملوا المسؤولية ويسهموا في تحقيق أهداف المؤسسة.

ملخص الفصل

تعتبر نظرية السمات نظرية متطورة ونامية باستمرار ، فحين ظهرت شرعت بالتأكيد على تمييز أنواع الأفراد العظماء ، ومن ثم تحولت لحصر تأثير المواقف على القيادة ، وحالياً أعادت التأكيد على الدور الحساس للسمات في القيادة الفعالة والمؤثرة ، أما نظرية الموقف فترى أن ليس هناك اتجاه أو طريقة فضلى للقيادة بمنأى عـن الموقف ، كـما أنـه لا يوجد وصفة مسبقة تنطبق على جميع المؤسسات في كل زمان ومكان ، بل إنها تـرى أن القيـادة تأثير متبادل بين القائد والموقف ، وتركز النظرية السلوكية على السلوكيات القياديـة التي يمكن ملاحظتها في القائد من قبل العاملين ، أما النظرية الأحدث نسبياً فهي نظرية القيادة التحويلية والتي تؤكد على الجاذبية الشخصية للقائد ، وعلى مقدرته علـى تحقيـق أهـداف المؤسسة ، وعلى التـأثير في الآخـرين وتـدريبهم ليصبحوا قـادة في المستقبل أو في الظروف الطارئة.

الفصل الثالث

إدارة الأزمات والصراعات في المؤسسة التربوية

ويتضمن:

أولاً : إدارة الأزمة التربوية

تمهيد

أسباب الأزمة التربوية

آثار الأزمة التربوية

دور القائد في إدارة الأزمات

العوامل المؤثرة في إدارة الأزمات التربوية

استراتيجيات إدارة الأزمات

ثانياً : إدارة الصراع

تمهيد

تعريف الصراع

العوامل المؤدية إلى الصراع

أنواع الصراع

مراحل الصراع

دور القائد في إدارة الصراع

ملخص الفصل

الفصل الثالث

إدارة الأزمات والصراعات

في المؤسسة التربوية

أولاً : إدارة الأزمة التربوية

تمهيد

تعـرف الأزمـة بأنهـا وضـع غـير مرغـوب فيـه وبحاجـة إلى تغـيير وذلك بفعل عوامـل متعـددة تسـهم في جعل ظروف ومعطيـات موقف أو علاقـة ما أمراً سلبياً ، وهـذا يتطلب أناسـاً يتمتعـون بالمقـدرة عـلى تغيـير هـذا الوضـع غـير المرغـوب إلى وضـع أكـثر اتسـاقاً وإيجابيـة ، وهـؤلاء ينبغـي أن تتوفـر فيهم الرغبـة والمقـدرة عـلى العمـل الجـاد والمتواصل والمتسـم بـروح المسؤوليـة والمثابـرة مـن أجـل تحقيـق الهـدف العـام والمتمثـل في إصلاح الأوضـاع الراهنـة ، وقـد اصطلح عـلى وصف الشخص الـذي يتحلى بتلـك الميـزات بالقائـد ، فالقائـد ضـمن هـذا الوصف تقـع ضـمن مسؤولياتـه مهمـة تعـرف العلاقـات الكامنـة إزاء موقف مـا أو عـدة مواقـف ، وتفسـير تلـك العلاقـات ، والتعامـل مـع المعطيـات المتنوعـة والمكونـة لعنـاصر الموقـف المعنـي ، ليصـل في المحصـلة إلى أسـلوب أو إجـراء كفيـل بتشـخيص المشـكلة

واقتراح البدائل لحلها بالتعاون مع المحيطين والـذين يمثلـون أفراداً حريصين عـلى إنجـاح تحقيق الأهداف المرجوة.

أسباب الأزمة التربوية

لقد حدث توسع في نظم التعليم في جميع أنحاء العالم مع أوائل خمسـينات القـرن العشرين ، حيث تضاعف عـدد المقيـدين بمراحـل التعلـيم ، وزادت نفقاتـه بمعـدلات أكبر وأسرع ، ورغم هذا التوسع وتلك الزيادة ، فقـد أدى النمـو في أعـداد السـكان إلى زيـادة أعداد الراشدين الأميين في العالم ، إنها أزمـة عالميـة لا تقل خطـورة عـن الأزمـات الغذائيـة والعسكرية ، وتختلـف الأزمـة التعليميـة في الشـكل والقـوة مـن بلـد لآخـر نظـراً لاخـتلاف الظروف بينها ، لكن القوى المحليـة المحركـة لهـذه الأزمـة تتشـابه بـين دول العالم ، ولقـد شهدت دول العالم أجمع بعد انتهاء الحرب العالميـة الثانيـة تغيـيرات سريعـة في النـواحي السياسة والاقتصادية والعلمية والتقنية، وفي التركيب السكاني والاجتماعي صاحبها نمو وتغير في نظم التعليم ، وقد لوحظ بطء تكيف هذه النظم للظروف المحيطة بها ، ومـن هنا فـإن جوهر أزمة العالم التربوية يظهر في عدم توافق نظم التعليم في بيئاتها[1].

وتعتبر الأزمة التربوية خللاً خارجياً يحـدث في النظـام التربـوي بحيـث يـؤثر على بنيته ويهدف إلى انهياره والحيلولة دون تحقيق الأهداف المأمولة ، وقد يكون لهذا الخلل عوامل سياسية أو اقتصادية يصعب عـلى النظـام التربـوي مجاراتها أو

---

(1) إدارة الأزمات التربوية ، بحث منشور على شبكة الإنترنت على الموقع الإليكتروني :
http://members.lycos.co.uk/edaratalazamat/empty6html.

امتصاص قوتها والانطلاق معها ، الأمر الـذي يسـهم في حـدوث مشـكلات طارئـة في جـودة وكفاءة العمل التربوي ، وفي الميدان التربوي المتمثل بالمدرسة تظهر الأزمة التربوية من خلال ضعف المقدرة على مواجهة التغيرات والمستجدات ، وعدم المقدرة على التعامل مع المواقف الطارئة ، إضافة إلى ضعف التنسيق والدافعية لحل المشكلات والقضايا المستعصية.

وتسهم الأزمة في التقليل من حجم وحدات صنع واتخاذ القرارات لما يتطلبه وضع الأزمة من سرية وحذر في اتخاذ القرارات ، كما تسهم في زيادة سلطة القائد والتفـاف كثير من العاملين حوله ، في الوقت الـذي تزيـد فيـه مـن وقع الإرباك والإجهـاد لـدى القائـد والعاملين[1] ، وتظهر الأزمة التربوية وتزداد وضوحاً مـن خـلال جملـة مـن الأسباب ، ومـن أهمها ما يلي:

■ ضعف تمويل المؤسسات التربوية.

■ ضعف مواكبة النظام التربوي للمستجدات التربوية.

■ الفجوة الواسعة بين المؤسسة التربوية والمجتمع المحلي.

■ ضعف مقدرة النظام التربوي على تلبية احتياجات سوق العمل.

■ ازدياد الضغط على المؤسسات التربوية بسبب الزيادة في أعـداد السـكان وبالتـالي ازدياد أعداد التلاميذ.

---

(1) زيد منير عبوي ، القيادة ودورها في العملية الإدارية ، م.س ، ص133.

ويرى البعض أن أسباب الأزمة تتلخص فيما يلي[1]:

- **ضعف الكفاءة القيادية** : وذلك بسبب عدم الدخول في تجارب تتضمن أزمات تتطلب سلوكيات وإجراءات علاجية ، أما السير بنمطية معينة أو على وتيرة واحدة فلا تسهم في اكتساب الخبرة والمهارة في مواجهة التحديات الطارئة.

- **الفردية وعدم الاستشارة** : وهذا ما يزيد الأمر سوءاً ، فلجوء القائد إلى التفرد في اتخاذ القرارات يجعل من الصعب الخروج بقرارات صائبة عموماً ، بل يكتسب القرار صبغة الفردية والأنانية وعدم الاتساق مع التوجهات العامة لدى العاملين في المؤسسة أو مع المهتمين بها.

- **عدم إيجاد البديل المناسب** : ويشير ذلك إلى القصور الحاد في الاختيار بين أبدال الحلول الملائمة لمعالجة الأزمة وقد يكون ذلك نتيجة لضعف المعرفة العلمية والخبرة العملية وعدم امتلاك المهارات المناسبة.

- **ضيق الأفق** : ويشير ذلك إلى ضعف مقدرة القائد على تحديد أهداف بعيدة المدى للمؤسسة التي يقودها ، فمن الأفضل أن يقوم القائد بصياغة خطة شاملة تتضمن وجود أهداف قصيرة ومتوسطة وبعيدة الأجل تتخللها وتتبعها عمليات تقييم مستمرة.

---

(1) زيد بن محمد الزعيبر ، إدارة الأزمات في المؤسسات التربوية ، بحث منشور على شبكة الإنترنت على الموقع الإليكتروني: http://www.islamselect.com/article/63677 ، بتصرف.

فيما يرى آخرون أن الأزمة التربوية تعود إلى الأسباب الآتية[1] :

■ الإشاعات .

■ عدم التخطيط الفعال.

■ سوء التقدير والاحترام .

■ المفاجأة العنيفة والشديدة .

■ تعارض الأهداف والمصالح.

■ اتخاذ القرارات بشكل عشوائي .

■ حب السيطرة والمركزية الشديدة .

■ عدم وجود أنظمة حوافز ناجحة .

■ التشابك والتداخل في بعض الأمور وعدم الوضوح .

■ عدم توافر قاعدة معلوماتية كاملة تساعد متخذ القرار .

■ عدم وجود الوصف والمواصفات الجيدة للمهام والواجبات .

■ عدم وجود الثقة نتيجة للنقص في المعلومات مما يشكل خوفاً من المجهول .

---

(1) بندر بن محمد العمري (1427هـ) التطوير التنظيمي وإعادة التنظيم ، بحث منشور على شبكة الإنترنت على الموقع:
http://www.kaau.org/attachment.php?attachmentid=2260

كما يمكن رد الأزمة التربوية إلى الأسباب الآتية[1]:

1- قلة الموارد المادية والبشرية.

2- ضعف نوعية المخرجات التعليمية وعدم ملاءمتها لاحتياجات المجتمع.

3- زيادة التكلفة التعليمية وخاصة في ظل الحاجة القوية والمتزايدة للعمالة البشرية.

4- التضخم الطلابي الناجم عن الانفجار السكاني وعن ديمقراطية التعليم ومبادئه بتكافؤ الفرص التعليمية.

5- عدم صلاحية المنظومات الفرعية للتعليم من إدارة ومناهج ومبانٍ وتجهيزات وإعداد المعلم وتدريبه.

آثار الأزمة التربوية

ينجم عن الأزمة التربوية آثار تلقي بظلالها على مسيرة النظام التربوي والمؤسسة التربوية ، ومن أهم تلك الآثار ما يلي:

- ضعف المتابعة في المؤسسات التربوية.

- ضعف القوانين الناظمة للعمل التربوي.

- الإحباط واليأس في صفوف العاملين في المجال التربوي.

كما تظهر أعراض وآثار متزايدة للأزمة التربوية يمكن تلخيصها كما يلي[2]:

---

(1) إدارة الأزمات التربوية ، م.س ، بتصرف.

(2) المرجع السابق.

- تقلص إعطاء الأولوية للتعليم.

- السلبية داخل الفصول الدراسية.

- ارتفاع نسب التسرب من التعليم.

- عجز المدارس عن تأدية وظائفها.

- النقد المتزايد الموجه إلى سياسة التعليم.

- ترك معلمي المدارس الابتدائية لوظائفهم.

- عدم تحقيق المساواة في الفرص التعليمية.

- تزايد الشعور بالإحباط عند التلاميذ والمعلمين.

- تحول هدف التعليم إلى استئناس الناشئة وتطبيعهم لكي يتوافقوا مع المجتمع.

- عجز التعليم في المجتمعات الغنية والمتقدمة عن الوفاء بتقديم التعليم الإلزامي للناشئة في ظل التطورات التكنولوجية.

دور القائد في إدارة الأزمات

تشير إدارة الأزمات إلى الكيفية التي يتم بواسطتها التغلب على الأزمات بالأدوات العلمية والإدارية المختلفة والتحكم في ضغطها ومسارها واتجاهاتها وتجنب سلبياتها والاستفادة من إيجابياتها ، فهي تساهم في إزالة الكثير من عوامل المخاطرة وعدم التأكد التي تواجه المنظمات في الأزمات مما يمكن تلك المنظمات من السيطرة والتحكم في مصيرها ومستقبلها ، كما أنها العملية التي تستطيع بواسطتها أن تتعامل وتتصرف مع كوارث سببها واحد أو أكثر من البشر أو

117

الهياكل التنظيمية في المؤسسة أو المؤسسات الأخرى أو الاقتصاد أو التكنولوجيا ممـا يترتب عليه خلل في إدارة البشر [1] .

وتلعب فاعلية القائد في التعامل مع القضايا الطارئة والمستجدة على الساحة التربوية دوراً مؤثراً وحساساً في حسن استثمار الفرص وبدائل الحل الممكنة لمواجهة مشكلة أو عدة مشكلات قد تعترض مسيرة المؤسسة التربوية ، ويمكن الإشارة إلى فاعلية القائد من جوانب عدة من أهمها الجانب الشخصي المتمثل في الصفات والخصائص التي يتحلى بها القائد في تفاعله مع العاملين معه كمقدرته على تنمية وتعزيز وسائل الاتصال والتواصل معهم واحترامهم ، ومقدرتـه علـى توظيـف ذكائـه وعقلانيتـه وإدراكه في مد جسور الثقة المتبادلة بينه وبينهم ، إضافة إلى الجانب المهني المتمثل في امتلاكه للمعرفة المتخصصة في ميدان عمله وحرصه على تعزيز خبراته في هذا الميدان ، والسعي المتواصل نحو التميز والإبداع من خلال العمل الجاد لتطوير أسس العمل في المؤسسة.

ولا يقف الأمر عند هذا الحد ، حيث يضطلع القائـد التربـوي بـأدوار هامـة تعتبر بمثابة آليات إجرائية متخصصة وقادرة علـى توضـيح المهـام الرئيسـة في إدارة الأزمات والتعامل معها بما يضمن تجاوزها بما لا يضر بمصالح المؤسسة ، حيث تمثل وظائف القائد التي يقوم بتنفيذها أثناء العمل إجراءات وتدابير تنفيذية على درجة كبيرة من الحساسية ، والتي يؤدي نجاح تنفيذها إلى المساهمة الكبرى في

---

(1) مفهوم إدارة الأزمات ، بحث منشور على شبكة الإنترنت على الموقع الإليكتروني :
http://www.manhal.net/articles.php?action=show&id=432 ، ولم يتم العثور على اسم كاتب هذا البحث

تحقيق الأهـداف المأمولـة والمتمثلـة في مواجهـة أزمـة مـا ، فالقيـادة الفاعلـة حـين تقـوم بعمليات التخطيط والتنظيم والتوجيه والمتابعة والتقييم تسهـم في سـد الثغـرات واستثمار الموارد المادية والبشرية في حل المشكلات الناجمة عن الأزمة.

ويكون القائد بحاجة إلى خبرات كبيرة من الناحية الفنيـة خـلال الأزمـة ؛ لأن الخـبرة تكشف الجوانـب الإيجابيـة والسـلبية في التعامـل مـع الأزمـات ، وعـلى القـادة أن يتـابعوا التغيرات القائمة ويتكيفوا معها ويتحكموا بمسـارات تطورهـا الحاليـة والمسـتقبلية ، ويجب على القائد في غدارة الأزمات أن يتحلى بقوة الإرادة وأن يـترجم ذلـك إلى أفعـال وسـلوكيات فاعلة في إطار الأزمة[1] ، ويتجلى دور القائـد الفاعـل في إدارة الأزمـة في محاولاتـه الحثيثـة والجادة في ابتكار الوسائل المسـاندة لحـل مشـكلة مـا وتخطـي الأزمـة بنـاءً عليهـا ، وذلـك بأسلوب علمي بعيد عن العشوائية والتخبط في اتخاذ القرارات الارتجالية ، فالقائد الفاعـل حريص على التفكير العميق والإدراك الحصيف لحيثيات أية مشـكلة قـد تعـترض مؤسسته، وبعد فهمه لطبيعة المشكلة لابد له من شرحها وتوضيحها للعاملين معه ، ليتعاونوا معـه في اقتراح البدائل التـي يمكـن اسـتخدامها كحلـول للأزمـة التـي تـواجههم وتهـدد مؤسسـتهم ، ويكون دور القائد في ذلك احـترام آراء العـاملين والتحـاور معهـم لتصنيف وتحليل تلـك البـدائل ودراسـة جـدواها للمؤسسـة ، ومـن ثـم الاختيـار الأمثل لأنسـبها وأنفعهـا في حـل المشكلات.

(1) زيد منير عبوي ، القيادة ودورها في العملية الإدارية ، م.س ، ص126.

وينبغي على القائد التربوي التحلي بقدر وافر من العقلانية ووضوح الإدراك في التعاطي مع المشكلات والأزمات ، فيقوم بتحليل الأسباب التي أدت إليها وترتيب تلك الأسباب حسب الأشد خطورة على المؤسسة ، وبناء على ذلك يستطيع ترتيب الأولويات في عمله والتعامل مع المشكلات بتفكير تأملي عميق وقادر على اتخاذ القرار الرشيد بخصوص المشكلة أو الأزمة.

ولا يخفى ما تلعبه المعرفة والخبرة الفنية الواسعة من أدوار في رأب صدع المؤسسة التربوية ، فالقائد التربوي الذي اكتسب المعرفة التي تؤهله لاستيعاب طبيعة عمله ، واكتسب الخبرة العملية الطويلة فواجه من خلالها مشكلات وتحديات وأزمات مختلفة ومتباينة النوع والدرجة ، سيكون قادراً بلا شك على مواجهة الأزمة الحالية والتعامل مع معطياتها بأساليب احترافية وبمهارة عالية.

فالخبرة الفنية الواسعة تمكن القائد التربوي من التقصي الدقيق والتقييم السليم لنقاط القوة والضعف في عملية إدارة الأزمة ، ومن خلال الخبرة الواسعة يكتسب القائد ثقة عالية وإرادة صلبة في بذل الجهود الفاعلة والمؤثرة والصائبة والملائمة لمقتضيات الأزمة ، ويؤدي ذلك إلى زيادة اهتمام القائد بحل الأزمة ، والسعي لبث هذا الاهتمام في نفوس العاملين معه ، مما يؤدي إلى عمل جاد متسم بالتعاون والوعي والنشاط العالي لدى الجميع للسيطرة على تلك الأزمة واحتوائها ، وفي وضع كهذا تعتبر الأزمة مؤشراً خطيراً لزعزعة الاستقرار في المؤسسة التربوية ، إلا أن التعاون لحلها سيجعلها طريقة لإنجاز المهمات وتحقيق الأهداف المأمولة.

كما تلعب الخبرة الواسعة دوراً كبيراً في إمكانية تأثير القائد على الأزمة والسيطرة عليها ، فالقائد الخبير يوظف أبدالاً عديدة في عمله لمواجهة الأزمة ،

فهو من خلال خبرته يستطيع التعامل مع الموقف بحـذر وعقلانيـة عاليـة ، الأمـر الـذي يمكنه من صياغة استراتيجيات التصرف الأمثل مع معطيات الموقف وبالتالي اتخـاذ القرار الرشيد.

ولا تأتي الخبرة من فراغ أو بمحض الصدفة ، بل إنها نتيجة لتجارب متراكمة ونامية من خلال التدريب التطبيقي المستمر (التطبيق العملي) الذي يكسب القائـد الأسـاليب الإجرائية والمهارات الفنية اللازمة لإنجاح العمـل ، وتعتـبر الخبرة القائمـة علـى التـدريب والتطبيق مؤشراً هاماً علـى مقـدرة القائـد علـى وصـف وتحليـل وتفسـير المواقف ذات العلاقة بالأزمة المراد مواجهتها ، واقتراح البدائل التي قد يساهم توظيفها في حـل جـذري للمشكلة موضوع الأزمة.

وفي المقابـل يسـهم التطبيـق العمـلي في بنـاء وتعزيـز ثقـة القائـد بنفسـه والاسـتعداد لمواجهـة التحديـات اسـتناداً إلى رصيـد كبـير مـن القيـم والاتجاهـات الإيجابيـة ، كـما يسـهم في تسـهيل القيـام بـالإجراءات العلاجيـة وفـق معـايير الموضوعية ، إضافة إلى إسهامه في تنمية السـعي نحـو الإبـداع والابتكـار في إيجـاد الحلـول الناجعة بما لا يـؤثر سلباً علـى المؤسسـة ، كـما تـوفر الخبرة القائمـة علـى التـدريب (الخبرة الميدانية) مرونـة عاليـة لـدى القائـد أثنـاء تعاملـه مـع المواقف الصـعبة والطارئـة ، ويكـون ذلـك بتقبـل الآراء والاقتراحـات المقدمـة مـن الآخـرين وبحثها وبيـان جوانـب القـوة والضـعف فيهـا واختيـار المناسب منهـا ، فحـل الأزمـة يشكل مصلحة عليا للمؤسسة إضافة إلى تحقيق مصالح القائـد والعـاملين ، وعليـه ينبغـي عـدم تجاهـل أي رأي قـد يساهـم في حـل المشـكلة بـل يجـب أخـذه بعـين

الاعتبار ودراسته بشكل مستفيض بغية صياغة استراتيجيات إدارة الأزمة والتي ينبغي أن تكون استراتيجيات متنوعة ما بين قصيرة ومتوسطة وبعيدة المدى.

إن استراتيجيات العمل الموجهة لإدارة أزمة ما لابد وأن تكون شاملة ومتكاملة ومتضمنة لعدد كبير من الافتراضات والآراء الرامية إلى معالجة المستجدات والظروف المتغيرة التي تنجم عن الأزمة ، وهنا تظهر فاعلية القائد في حسن توظيف الاستراتيجية العلاجية من خلال زيادة درجات التعاون والثقة المتبادلة بينه وبين العاملين معه لحل الأزمة ، إضافة إلى الإحاطة بكافة جوانب المشكلة بذكاء واقتدار ليتمكن من إصدار الأحكام واتخاذ القرارات ، وبناء عليه فإن الإدراك الحصيف الذي يمتلكه القائد يبقيه على وعي متواصل بالقضايا والمستجدات المتصلة بموضوع الأزمة ، ويتصل الإدراك بكافة عناصر ومقتضيات الأزمة ، ويعود ذلك إلى افتراض رئيس مفاده أن القائد ينبغي عليه أن يحيط بكافة عناصر المشكلة ، مما يسهم في وجوب إدراك أهمية هذه المشكلة بغية العمل على حلها ، وإدراك أهمية الوقت اللازم لحلها واتخاذ القرار الملائم لها.

العوامل المؤثرة في إدارة الأزمات التربوية

لا يوفر العزم على مواجهة الأزمة قوة قادرة على القضاء على الأزمة من جذورها ، بل لابد من التعاطي مع العديد من العوامل المؤثرة في تسهيل طرق وإجراءات العمل القيادي لتطويع ظروف الأزمة بما يحقق النفع والفائدة للمؤسسة التربوية وللعاملين فيها ، ومن تلك العوامل [1]:

---

(1) بندر بن محمد العمري (1427هـ) التطوير التنظيمي وإعادة التنظيم ، بحث منشور على شبكة الإنترنت على الموقع الإليكتروني : http://www.kaau.org/attachment.php?attachmentid=2260

1- **الدوافع والحوافز** : الدوافع هـي حاجـات مختلفـة ومتنوعـة و طاقـات كامنـة في النفس الإنسانية تنبع من داخل الفرد وتوجه في اتجاه معـين وبـنمط سـلوكي محدد.

2- **الاتجاهات والقيم** : تعرف الاتجاهات بأنها نظام متكامل من المفاهيم والمعتقدات والعادات والدوافع والميول السلوكية ويمكن اعتبارها مشاعر الأفراد تجاه الأشـياء المحيطة بهم وهي مشاعر إما إيجابية أو سلبية ، أما القيم فهي المعتقدات التـي يعتقد الأفراد بقيمتها ويلتزمون بها وبمضامينها .

3- **الشخصية** : هي عبارة عن نظام من الاتجاهات والقيم والميول والاستعدادات التي تحدد نمط استجابة الفرد وتكيفه مع البيئة المحيطة ، ويمكن تعريفها بأنهـا تلـك الخصائص والسلوكيات الفرديـة المنظمـة بطريقـة معينـة بحيـث تعكـس فرديـة التأقلم الذي يبديه الفرد تجاه البيئة .

4- **الجماعات وتأثيرها على النشاطات المؤسسية** : فسلوك الفـرد كفـرد يختلـف عنـه عندما يكون هذا الفرد عضواً في جماعة العمل بسبب ما تفرضـه هـذه الجماعـة من قيود ومعايير على سـلوك الفـرد بهـدف اتبـاع أنمـاط سـلوكية دون غيرهـا في المواقف المختلفة.

وقد يواجه القائد التربوي العديد من المشكلات والتحديات ضمن المؤسسة التربوية التي يقودها ، وقد تكون مشكلات تتعلق بالنظام وبشكل لا يمكن معه مواجهتها بسرعة ، لذا ينبغي عليه التخطيط لما يمكن عمله إزاء تلك التحديات وبنظرة بعيدة المدى ، فحين تسير العملية التربوية من سيء إلى أسوأ يستلزم على القائد العمل الجاد والمثابر من أجل إيجاد الطرق والتدابير الكفيلة

بمواجهتها ، لأن تقاعسه في ذلك سيسهم في رسم مستقبل مظلم للمؤسسة التربوية ، ابتداء بضعف نوعية مخرجات تلك المؤسسة وما يتبعه من تدهور في كافة مناحي النظام التربوي.

وهنا لابد للقائد من الابتعاد عن كل ما يسهم في تهديد مسيرة المؤسسة التربوية ، فعليه المساهمة الفاعلة في إيجاد البيئة التربوية السليمة ، وتوفير الأجواء المهنية ، والمساهمة في تطوير المناهج التعليمية ، والحرص على استثمار الموارد البشرية والمادية لخدمة العملية التربوية ، وهو إضافة إلى ذلك الموجه الرئيس للعاملين للسعي نحو البحث العلمي وخدمة المجتمع وذلك بغية تصحيح مسار العمل التربوي الفاعل والمؤثر في العاملين وفي المجتمع بأسلوب علمي سليم.

فالمطلوب من القيادة التربوية الفاعلة تهيئة الظروف لبيئة تربوية صحية تتضافر فيها جهود العاملين كل حسب تخصصه ومستواه الوظيفي ، لتنتج في النهاية منظومة متكاملة للعمل المنظمي المتناسق فيتحقق الإنجاز على أبهى صوره ومعانيه ، وهذا يتطلب من القائد التربوي تفعيل وظائفه ومتابعة العاملين معه باستمرار وتوجيههم نحو طرق العمل الصحيحة ضمن بيئة مهنية يسودها الاحترام المتبادل والثقة العالية.

استراتيجيات إدارة الأزمات

هناك استراتيجيات قصيرة المدى وتتلخص في تعليم العاملين وتدريبهم في المستويات الإدارية العليا على تنمية مهاراتهم في مواجهة الأزمات ، واستخدام المنهج العلمي في اختيار وتعيين الأفراد العاملين ، وتطوير الوظائف وتوضيح الأهداف لكل أفراد المؤسسة ، واستراتيجيات طويلة المدى وتتضمن

استخدام منهج علمي جديد في تقويم الأداء يعتمد على الحوار المباشر بين القائد والعاملين ، واستخدام وحدة استشارية في التنظيم تكون على مستوى عالٍ من التخصص لدراسة الأزمة وأسبابها ، وقيام الإدارة العليا بالعمل على تنمية مستوى الثقة بين الأفراد أنفسهم وبين الأفراد والمؤسسة وتنمية مهارات الاتصال وتطوير وسائلها ، وتكثيف البرامج التدريبية المناسبة[1] .

ولتحقيق ذلك لابد للقائد التربوي من العمل الجاد والمخلص في سبيل تنمية وإنجاح المؤسسة التربوية التي يقودها ، فإن نجح في ذلك استطاع كسب ثقة العاملين الذين سيتخذون منه أنموذجاً يحتذى به في عملهم ، وسيبذلون أقصى ما يستطيعون لتحقيق الأهداف المأمولة ، لذا ينبغي على القائد التربوي التحلي بالصدق في كافة أقواله ، فهو إن كان صادقاً حاز على رضا العاملين وزرع فيهم بذرة الصدق نتيجة لاعتباره قدوة لهم ، وهذا يضفي عليه مهابة عظيمة ويكون جديراً بقيادة مؤسسة تربوية يفترض بها أن تكون مهيبة ، ولا يقف الأمر عند هذا الحد فصدق الحديث يدرب صاحبه على الاستمرار في رسم صورة طيبة للقائد التربوي ، وبخاصة إذا امتد ذلك إلى أفعاله وتصرفاته أمام الآخرين ، فالصدق من الناحية النظرية أمر في غاية السهولة وقد يوصف الإنسان بأنه صادق بمجرد حديثه لأحدهم حول أمر ما ، ولكن حين يرى العاملون أن قائدهم يطبق ما يقوله أمامهم ، فإنهم بلا شك سيثقون به وبحديثه؛ لأنهم رأوا التطبيق العملي لذلك.

(1) بندر بن محمد العمري ، التطوير التنظيمي وإعادة التنظيم ، م.س.

فالثقة تُحتّم على المرء احترام آراء وقدرات ومنجزات الآخرين ، كما تسمح بإبداء الآراء المُخالفة لهم ، وهذا شيء أساسي لابدَّ من القيام به في النظام التربوي على وجه الخصوص ، ذلك أن التعامل مع البَشَر يختلف فيه كلُّ فرد عن الآخر من حيث الأفكار والمعتقدات والتوجّهات ، وعليه فإنَّ القائد التربوي لا يتحايل في سلوكياته إذا أُتيحت له الفرص ، فهو فرد يحترم نفسه ويحترم الآخرين كما ميدانه الذي ينبغي أن يتسيّد كافة الميادين العاملة في المجتمع [1].

ولا ينبغي للقائد التربوي اتخاذ إجراءات سلبية لتصحيح أو لتنمية البيئة التربوية ، ومن بين تلك الإجراءات تنفيذ أساليب العقاب أو التهديد به حين يرتكب العاملون أخطاء أو يتقاعسون في القيام بمهمة ما ، فقد يكون سلوك القائد في هذه الحالة لا فائدة منه ، بل قد يسهم في زيادة التوتر بين عناصر العملية التربوية ، وفي تردي الأوضاع التي قد تسهم في انهيار المؤسسة التربوية أو النظام التربوي ، فحين تتزعزع الثقة بين القائد والمحيطين به فإن العلاقات الإنسانية تتدهور بين الطرفين ويصبح المناخ التربوي في غاية السوء حيث تسود التكتلات ويظهر العداء بين العاملين أنفسهم وتفقد المؤسسة التربوية جزءاً كبيراً من رسالتها التي وجدت من أجلها ، لذا ينبغي أن يسود الاحترام والثقة المتبادلة بين أطراف العملية التربوية وعلى رأسهم وفي مقدمتهم القائد التربوي الذي يعتبر بحق الموجه للطريقة الفضلى في نقل النظام التربوي نحو التقدم والنمو.

ويمكن معالجة الأزمة التربوية وما يتمخض عنها من آثار من خلال القيام بالإجراءات الآتية:

---

(1) هشام يعقوب مريزيق ، دراسات في الإدارة التربوية ، م.س ، ص190.

- وضع خطط استباقية وفقاً لأنماط الأزمات المتوقعة.

- الاهتمام بعملية التقييم المستمر للأداء طوال فترة الأزمة.

- عقد الدورات التدريبية المتخصصة واللازمة لإكساب الأفراد مهارات التعامل مع الأزمات.

- البحث عن موارد إضافية سواء أكانت بشرية أم مادية وذلك لتغطية تكاليف ما تفرزه الأزمة.

- إشراك العاملين في صنع واتخاذ القرارات الحاسمة في مسيرة المؤسسة ، وذلك لتكون المسؤولية جماعية ، فيحرص الجميع على تقديم المشورة ووجهة النظر الأقرب إلى الصواب.

- إسناد مهمة قيادة المؤسسة في أوقات الأزمات إلى أفراد يتمتعون بخبرات واسعة وشعبية كبيرة بين العاملين.

- التأكد من أوضاع الموارد البشرية والمادية اللازمة لمواجهة الأزمات وذلك تفادياً لعنصري المفاجأة والارتباك.

- اتباع خطط قصيرة وبعيدة المدى وذلك بغية المعالجة السريعة للأزمة القائمة واتخاذ الإجراءات والتدابير الكفيلة بمواجهتها في المستقبل البعيد.

- الجرأة في اتخاذ القرارات الحاسمة والحازمة إذ لا يوجد وقت للتأني والتراخي في الأوقات العصيبة.

- انتهاج العقلانية والحذر ورحابة الصدر في التعامل مع معطيات الأزمة ، وهذا ضمانة أكيدة لرفع الروح المعنوية لدى العاملين.

- إتاحة الفرصة للقيادات البديلة والواعدة لإبداء آرائها في موضوع الأزمة والأخذ بالمناسب منها.

إن القائد التربوي الفاعل يسعى إلى إقناع العامين معه بوجوب القيام بمهامهم على أكمل وجه ، وذلك استناداً إلى المعرفة والدراية التي يتحلى بها في الميدان التربوي ، فهو شخص متخصص ويمتلك البعد المعرفي والعلمي في تخصصه ، وهو مطلع على كافة إجراءات ومهارات العمل التربوي ، لذا فإن عليه أن يبني جسور الثقة بينه وبين العاملين من خلال التعاون معهم في تحسين جودة العمل التربوي ، ولا يكون ذلك من خلال استخدام السلطة والأمر والنهي وإنما من خلال التخصص والمعرفة النظرية والتطبيقية في الميدان المعني ، فالقائد إن استنهض همم العاملين وهو متخصص في هذا المجال سيسهم ذلك في اقتناع العاملين بأن ما يريده القائد أمر صحيح ولم يأت من باب استعراض السلطة أو قوة المركز الذي يشغله.

إن إيجاد الحلول المناسبة لحل المشكلات والتغلب على التحديات والعوائق التي تواجه المؤسسة التربوية تتطلب من القائد التربوي استثمار القواسم المشتركة بينه وبين العاملين بغية التنسيق بين الجميع والعمل على اعتبار أن العاملين في المؤسسة الواحدة تجمعهم آمال وأهداف وتطلعات مشتركة ، وهذا يشكل نقطة انطلاق واحدة تشير إلى الاشتراك في الهوية التنظيمية في التعاطي مع المواقف بأسلوب أقرب إلى الشمولية ، ولعل ذلك يسهم في زيادة متانة الأسس التي يستند عليها النظام التربوي والمؤسسة التربوية المعنية ، ويعزز ذلك اكتساب

الأفراد للقيم والأفكار المبنية على هذا التوجه ، هذا مع الاقتناع بضرورة توفر الظروف المشجعة على ذلك والتي يسهم القائد التربوي في توفيرها.

وبذلك يتضح الدور الكبير والموسع للقيادة في إدارة الأزمات وفي نجاح التطبيق الاستراتيجي وفي تأمين المرتكزات اللازمة للقيادة الاستراتيجية ، وبالمقابل فإن للأزمة تأثيراً كبيراً على القائد ، وقد يكون هذا التأثير سلبياً وذلك مرتبط بكيفية تعامله معها وإدارته لها ، حيث أن هناك علاقة وتأثير متبادل بين القائد والأزمة ، فكل منهما يؤثر ويتأثر بالآخر [1].

ومما سبق يمكن الاستنتاج بأن على كافة أطراف العملية التربوية التحلي بجملة من الخصائص والسمات التي تسهم في نجاح المؤسسة التربوية في تحقيق الأهداف المرجوة منها ، فلا يقف الأمر عند القائد بل ينبغي على الجميع التعاون معه من أجل تحقيق الغايات المنشودة ، فعلى المعلمين أن يهتموا بالتدريب والنمو المهني ومواكبة المستجدات والتطورات في الميدان التربوي ، والاقتناع بأن العمل التربوي عمل مقدس وعظيم ، أما التلاميذ فلابد لهم من التحلي بالانتماء للنظام التربوي وحب التعلم والمعرفة والسعي نحو التعلم الذاتي ، إضافة إلى ما ينبغي على القائد التربوي الاتسام به من الموضوعية والنزاهة والمهنية والعقلانية ، والعمل التعاوني مع العناصر الأخرى للمؤسسة التربوية من أجل إنجاح هذه المؤسسة والسير بها نحو التميز والإنجاز.

---

(1) زيد منير عبوي ، القيادة ودورها في العملية الإدارية ، م.س ، ص125.

إن إصلاح النظام التربوي لا يتضمن وصفة سحرية تعالج المشكلات بين ليلة وضحاها ، بل يستغرق وقتاً طويلاً وذلك لأن هذه العملية تتطلب جهوداً عظيمة من كافة الأطراف وبخاصة القائد التربوي ، فلابد أن تتولد الرغبة والاستعداد للعمل المنتج بغية إصلاح الوضع القائم ، واستثمار كافة الموارد المتاحة لتصب في خدمة المؤسسة التربوية بكفاءة وفاعلية ، هذا إضافة إلى بناء جسور الثقة والاحترام المتبادلين بين كافة أطراف العملية التربوية لتكوين المناخ التربوي الصحي السائر نحو النمو والتطور.

130

ثانياً : إدارة الصراع

تمهيد

تعتبر المؤسسة التربوية مجتمعاً صغيراً تتعدد فيه المثيرات والوظائف والنشاطات ، ويستدعي الانخراط في العمل التربوي القيام بأعمال كثيرة قد يكون الفرد مقتنعاً بها وقد لا يكون كذلك ، لذا ومع تعدد الأدوار التي قد يؤديها الفرد تنشأ استجابات متباينة سواء أكان ذلك على المستوى الفردي أم المؤسسي ، الأمر الذي يحدث ما يسمى بالصراع ، ويشير هذا المفهوم إلى جملة من التداعيات المتراكمة والتي تؤثر في سلوكيات الفرد والجماعة على حد سواء ، مما يسهم في تضارب الاتجاهات كمرحلة أولى ، وتتولد بعد ذلك مرحلة أخرى قد تمثل سيادة اتجاه على آخر نتيجة لامتلاكه مقومات الرضا والقبول مما يسهم في خدمة مصلحة الفرد أو المؤسسة ، وقد يزداد التضارب إلى حد حصول فجوة واسعة في العمل مما يسهم في استمرار الصراع وتطوره إلى حد قد يصعب السيطرة عليه.

ويعاصر الإنسان في مختلف مراحل النمو والتطور سواء في الأسرة أم في المدرسة والعمل لحظات صراع مستمر ، بين آماله وواقعه ، وبين طموحاته وقدراته ، وبين رغباته وقيم المجتمع التي تحكمه ، وبين مصالحه ومصالح الآخرين ، وبين التعبير عما بداخله من صراع والفرص المتاحة لذلك ، وهكذا

يستمر الصراع الإنساني على مراحل متعددة وبصور مختلفة تبعاً لمحددات الشخصية واختلاف العوامل البيئية المحيطة[1].

وقد يكون الصراع داخل الفرد (مثل الإحباط وصراع الأهداف) ويمكن أن يكون خارجياً داخل محتوى المؤسسة ، ويحدث الإحباط عندما يصطدم تحقيق الأهداف مع بعض الحواجز ، أما صراع الأهداف فينتج عن الرغبة وعدم الرغبة في أي من الاختيارات المتاحة للفرد في حالة الاختيار ، والصراع بين الأفراد داخل المؤسسات أصبح ظاهرة عالمية وبالتالي فإن إدراك أفضل الحالات والمواقع الهامة للصراع سوف يساعد القائد في استثمار الموارد البشرية في المؤسسة بفاعلية لتحقيق أهداف المؤسسة[2].

إن المؤسسات بوجه عام والمؤسسة التربوية بوجه خاص تتضمن عمليات تفاعل ومواجهات مستمرة بين أطراف العملية التربوية وذلك في ظل أدوار متعددة ومهام ومسؤوليات كثيرة ، وما يتخلل ذلك من علاقات إيجابية وسلبية بين الأفراد من كافة المستويات الوظيفية ، ونتيجة للاحتكام إلى قوانين وتعليمات ومعايير أداء متفق عليها وموضحة للجميع تظهر أشكال متعددة للصراع الذي يطلق عليه حينئذ الصراع التنظيمي أو المؤسسي.

(1) سعيد ياسين وعلى عبد الوهاب (1994) الفكر المعاصر في التنظيم والإدارة ، مركز وايد سيرفس للاستشارات والتطوير الإداري ، القاهرة ، ص 267
(2) جمال الخضور (1996) أنماط إدارة الصراع لدى مديري المدارس الأساسية في محافظة المفرق في ضوء متغيرات الخبرة والجنس والمؤهل العلمي ، رسالة جامعية ، إشراف : كايد سلامة ، جامعة اليرموك ، ص1.

ينشأ الصراع حين تتضارب المصالح ، ولعل الاستجابة الطبيعية للصراع التنظيمي أن ينظر إليه كقوة اختلال وظيفي يمكن أن تعزى إلى مجموعة ظروف أو أسباب مؤسفة ، ويعتبر الصراع حالة من الحظ السيئ التي تختفي أثناء الظروف أو المناسبات السعيدة [1] ، ويمكن القول بأن هناك تفاعلات عدة تتم بين أطراف وعناصر المؤسسة ، والتي يسهم بعضها في ظهور بوادر الصراع داخل المؤسسات ومنها المؤسسات التربوية ، ومن بين تلك التفاعلات ما يلي :

1- تباين التوجهات والسلوكيات التي تمارسها الأطراف المتعددة في المؤسسة.

2- تقديم أحد العاملين العون والمساندة للآخرين في عملهم نظراً لخبرته الواسعة ومهارته في العمل وما يتضمنه ذلك من مواقف ومناقشات ومشاعر إيجابية متبادلة.

3- تنافس طرفين أو أكثر في محاولات جادة لتحقيق هدف ما بغض النظر عن أهداف وتطلعات الأطراف الأخرى.

ويحدث الصراع التنظيمي ضمن مراحل وأشكال متعددة بتعدد أنماط الشخصية والمؤثرات البيئية المحيطة بأطراف الصراع ، ويستمر الصراع داخل المؤسسة لإرساء أسس القوة والبقاء لطرف ما على حساب طرف آخر وذلك من خلال توظيف كافة الإمكانات لاستثمار الفرص التي تحقق سيادة طرف على آخر أو على عدة أطراف ، فالصراع ينشأ حين تتضارب الآراء أو وجهات النظر

---

(1) ريتشارد هال (2001) المنظمات : هياكلها عملياتها ومخرجاتها ، ترجمة سعيد الهاجري ، مركز البحوث ، الرياض ، ص 292

أو السلوكيات بين الأفراد داخل المؤسسة حيث تتهدد حينها مصالحهم فيعملون جاهدين على حمايتها وذلك من خلال منافسة الآخرين الذين يعملون في الاتجاه المناهض لهم.

وكما هو الحال في المؤسسات الأخرى فإن المؤسسة التربوية تتطلب قائداً قوياً وقادراً على إدارة الصراع داخل المؤسسة دون خوف أو وجل ليتمكن من التعامل مع المواقف الحرجة بثقة واقتدار ويسهم في تقريب وجهات النظر ويجعل العاملين أكثر حرصاً على مؤسستهم ، وينبغي عليه أن ينطلق من فكرة مفادها المنافسة الشريفة في ظل احترام الأهداف العليا للمؤسسة.

تعريف الصراع

يُعرف الصراع بوجه عام بأنه سلوك فردي أو جماعي قائم على إحساس داخلي بخطر أو مشكلة ستصدر من طرف مقابل ، وقد أسهم العديد من الباحثين في تقديم وصف تفصيلي لمفهوم الصراع ، فعرفه بولدينغ (Boulding) بأنه موقف تنافسي بين طرفين أو عدة أطراف يسعى من خلاله كل طرف لتحقيق مصلحته بأية وسيلة ممكنة ودون اعتبار لمصلحة الأطراف الأخرى ، وعرفه آخر بأنه موقف تفاعلي داخل تجمع بشري يحدث في حالات عدم الانسجام بين الأفراد ، وعرفه البعض بأنه قيام شخص ما يمنع شخص آخر من تحقيق أهدافه وذلك من خلال محاولات حثيثة للتقليل من جهوده ومنجزاته والإسهام في إيجاد العقبات أمامه لإحباطه وثنيه عن إتمام ما عزم عليه ، وعرفه آخرون بأنه خلافات تحدث بين الأفراد أو المجموعات داخل تنظيم أو مؤسسة ما في أمور تتعلق بالتنظيم أو المؤسسة.

وعرفه بوندي Pondy بأنه انهيار في سبل ووسائل صنع القرار المعياري أو في تقنياتها ، مما يجعل الفرد يعيش صعوبة اختيار بدائل الفعل أو الأداء[1] ، وعرف دزلر Dessler الصراعات التنظيمية بأنها نزاع أو خلاف ينشأ بين الأفراد أو الجماعات في التنظيم على قضايا متعلقة بالعمل مثل المهمات و الأهداف التنظيمية أو الخلافات على قضايا شخصية ، وعرفها روبنز Robbins بأنها جهد يبذله فرد بقصد تعطيل أو إفساد جهد فرد آخر بغية إعاقته من تحقيق أهدافه وواجباته[2] .

ويمثل الصراع وفقاً للنظرة الكلاسيكية خللاً تنظيمياً يسهم في الحيلولة دون تحقيق المؤسسة لأهدافها ومراميها ، وذلك نتيجة لسلوكيات التنافس وعدم التوافق بين الأطراف المتصارعة والتي تعزز التوجهات الفردية والأنانية والمثبطة لعزائم الآخرين ، كما يمثل وفقاً للنظرة ذاتها فشلاً في هيكلية المؤسسة الأمر الذي يؤدي إلى ضعف عام في نشاطات المؤسسة وذلك لعدم وضوح الأهداف وضعف قنوات الاتصال بين عناصر المؤسسة ، إضافة إلى عدم قيام العاملين بواجباتهم ومسؤولياتهم.

(1) هاني الطويل (1999) الإدارة التربوية والسلوك المنظمي ، دار وائل للطباعة والنشر ، عمان ، ص 297
(2) موسى المدهون وإبراهيم الجزراوي (1995) تحليل السلوك التنظيمي سيكولوجياً وإدارياً للعاملين والجمهور ، ط1 ، المركز العربي للخدمات الطلابية ، عمان ، ص 508 - 509

وينظر أصحاب النظرة الكلاسيكية إلى الصراع على أنه نوع من النقص الناجم عن ضعف قدرة الإدارة على تكوين الهيكل التنظيمي المناسب وضعف قنوات الاتصال وعدم وضوح الأهداف، ويزداد الصراع حدَّة داخل المنظمة عندما تبتلى ببعض المدراء غير الأكفياء الذين يفتقدون إلى الخبرات والمهارات القيادية المطلوبة ويعتمدون في قراراتهم على الاجتهادات الشخصية بدلاً من جمع المعلومات واتباع الخطوات العلمية لاتخاذ القرار إضافة إلى عدم التقيد بالقوانين والإجراءات التنظيمية وتهميش التسلسل الإداري ووحدته[1] .

وحديثاً تغيرت النظرة إلى الصراع وأصبحت في الاتجاه المقابل ، إذ تتمثل النظرة الحديثة في اعتبار الصراع حالة صحية لأية مؤسسة ، حتى يحدث التنافس الهادف ولكي تزيد فاعلية المؤسسة لابد للأفراد والجماعات من العمل الجاد والدؤوب لإثبات وجودهم في المؤسسة ولكن من غير الإضرار بمصالح الآخرين ، فالصراع وفقاً لهذه النظرة يهتم بالناحية المؤسسية ، من غير الاتجاه نحو شخصنة الخلافات والتضاربات.

وتنبع النظرة الحديثة للصراع من اعتقاد مفاده أن السعي نحو التميز عن الآخرين طبيعة بشرية ، حيث يسعى كل فرد إلى أن يكون أفضل من غيره ، كما أن الآخرين يعملوا جاهدين لتحقيق الغاية ذاتها الأمر الذي يبرز أعراض الصراع داخل أروقة المؤسسة ، فيزيد التنافس والسعي نحو الوصول إلى القمة

---

(1) محمد القريوتي (2000) السلوك التنظيمي : دراسة السلوك الإنساني الفردي والجماعي في المنظمات المختلفة ، دار الشروق ، عمان ، ص 248

من كافة الأطراف ، وهذا يكسب المؤسسة حيوية وفاعلية ويمكن تشبيهها بخلية النحل وفق النظرة الحديثة للصراع.

فلا ينظر للصراع في مستوى معين منه بأنه مقبول فقط ، بل ضرورة لا بد منها داخل التنظيم لبعث النشاط والإثارة في العمل الأمر الذي يؤدي غالباً إلى التطور ، وهذا التطور والتغيير يعتبر سمة للمنظمات الناجحة والمبدعة ، ويرى مؤيدوا هذا الرأي بأن المنظمات الأخرى التي تعتمد النظرة التقليدية للصراع لا تتوفر لها إمكانية التطور والتجديد ، ويدللون على ذلك بأن الصراع يخلق نوعاً من الحركة والتحدي ، والإطلاع على كل جديد ومحاولة تعديل المواقف والأفكار السائدة ، فهم بذلك يفضلون توفر الصراع بدرجة معينة وعدم وصوله إلى مستويات عالية ، لتجنب الوصول إلى نتائج عكسية مدمرة للتنظيم[1].

العوامل المؤدية إلى الصراع

تتعدد العوامل التي تسهم في حدوث الصراع بتعدد مواقف الصراع التي تحصل في الواقع ، وقد اجتهد الباحثون في هذا المجال في إيجاد تصنيف محدد لرد أسباب الصراع الذي يحدث في المؤسسات إلى جملة من العوامل ، وقد اتفق هؤلاء على تصنيف العوامل المؤدية إلى الصراع ضمن فئتين رئيستين هما : العوامل التنظيمية والعوامل الشخصية ، وفيما يلي توضيح لهذه العوامل :

---

(1) هشام مريزيق ، دراسات في الإدارة التربوية ، م.س ، ص49.

أولاً : العوامل التنظيمية : وتشير إلى كل ما يتعلق بالمؤسسة من ظروف ومعطيات تسهم في زيادة وتيرة الصراع بين العاملين في المؤسسة ، ومن هذه العوامل ما يلي :

1- عدم الاتفاق بين أهداف الأقسام الإدارية في المؤسسة.

2- التضارب المستمر في الآراء والتوجهات نحو إنجاز الأعمال المختلفة.

3- سعي العاملين نحو الخروج عن الأنظمة والقوانين والتعليمات النافذة في المؤسسة.

4- عدم وضوح الأهداف العامة وطبيعة المهام والمسؤوليات الموكولة للعاملين في المؤسسة.

5- شيوع عمليات الرقابة والتشكيك في مهارات وقدرات العاملين من قبل المستويات العليا.

6- قلــة المـوارد والإمكانـات المتاحـة للمؤسسـة ، الأمـر الـذي يـدفع الأطـراف المختلفـة إلى الاستئثار بها دون اعتبار للأطراف الأخرى.

7- عدم وجود برنامج متكامل ينظم طرق وأساليب تنظيم العمل المؤسسي ومـن أبـرز تلـك الأساليب أساليب المكافأة والعقاب.

8- شيوع البيروقراطية بين المستويات التنظيمية المختلفة ، مما يسهم في تـوتر الأوضـاع بـين تلك المستويات ومحاولة كل مستوى التقليـل مـن شـأن وقـدرات المسـتويات الأخـرى بشتى السبل والوسائل.

9- التشابك والغموض الذي يكتنف العديد من الوظائف، وذلك بفعل تداخل الاختصاصات.

10- سيطرة المستويات العليا على زمام الأمور وعدم إشراك المستويات الأخرى في صنع واتخاذ القرارات.

ثانياً: العوامل الشخصية: وتشير إلى ظروف وخصائص موجودة في الأفراد داخل المؤسسات، أو تتم ممارستها تجاههم من قبل المستويات العليا، ومن أهم تلك العوامل ما يلي:

1- عدم الانسجام بين العاملين وتدهور العلاقات الإنسانية بينهم.

2- عدم رغبة بعض العاملين في التعاون مع زملائهم لتحسين جودة العمل.

3- اختلاف أهداف العاملين والافتقار إلى وحدة الاتجاهات والعمل المشترك.

4- اختلاف تعامل المستويات العليا في المؤسسة مع العاملين، وتمييز بعضهم عن بعض.

5- عدم اقتناع بعض العاملين بالعمل بشكل عام نتيجة لعدم ملاءمة العمل لتخصصه أو نتيجة لحالة ضعف تعاني منها المؤسسة الأمر الذي يفقد العمل أهميته.

6- تفاوت الاهتمامات بين العاملين تجاه القضايا التي تحدث في المؤسسة ويمكن إرجاع ذلك لتفاوت المستويات الاجتماعية والثقافية والاقتصادية بينهم.

7- اختلاف الأصول والمنابت بين العاملين ، الأمر الذي يدعو العاملين للسلوك بما تمليه عليهم عاداتهم وتقاليدهم وانتماءاتهم الوطنية والقومية.

8- الانتماء إلى أديان مختلفة داخل المؤسسة الواحدة ، بحيث يشكل المرجع الديني الأساس الذي يتصرف العاملون وفقاً له ، وعدم موافقة المخالفين لهم في الدين في شتى الأمور والقضايا بحجة الاختلاف في المعتقد.

كما يمكن رد الصراع إلى العوامل الآتية[1] :

● **الاتصالات الإدارية** : فأكثر المشكلات في المؤسسات تعود إلى عـدم وضوح خطوط الاتصال وقنواته ، فالاتصال الجيد يساعد على التقليل من المخاطر والنتائج السلبية.

● **الهيكل التنظيمي** : ويتمثل بضعف أو بعدم وجود الهيكل التنظيمي أساساً ، نتيجة لعدم وضوح المهام والواجبات الموكولة للعاملين.

● **بيئة العمل** : وتتمثل في عدم وجود مناخ صـحي للعمل مـما يسـهم في العشوائية والارتباك في تنفيذ المهمات الأمـر الـذي يـؤدي إلى تـدني الإنتاج مـن حيـث الكـم والنوع.

أنواع الصراع

تتعدد أنواع الصراع داخل أية مؤسسة بتعدد عناصر وأطراف تلك المؤسسة ، حيث تتألف من عاملين (أفراد) ومجموعات إضافة إلى المؤسسة

---

(1) بندر بن محمد العمري ، التطوير التنظيمي وإعادة التنظيم ، م.س ، بتصرف.

ذاتها، إلى جانب وجود مؤسسات أخرى شبيهة بالمؤسسة المعنية مـن حيـث طبيعـة العمل ، وعليه يمكن تصنيف أنواع الصراع على النحو الآتي :

■ **الصراع الداخلي** : ويحدث هذا النوع مـن الصراع داخل الفرد نفسـه نتيجـة لتعـدد الأدوار التي يقوم بها الإنسان يومياً ، الأمر الذي يحدث لديه نوعاً من الخلط وعدم الترتيب فـي كثير مـن الأمور ، وحين يتعرض لمشكلة أو تحدٍّ ما فإنه يعـاني مـن تـوتر وضغط عاليين ، وتصبح الأمور متشابكة أمامه ، ولا يقف الأمر عند حدود العمل أو المؤسسة فحسب ، بل قد يمتد إلى كافة شـؤون الحيـاة ، لـذا يظهـر الصراع داخـل الفرد بأشكال عدة من أهمها الحيرة والتردد في الاختيار بين عـدة بـدائل ، والخـوف الذي قد ينتاب الفرد من المجهول وهو ما يدعى بالقلق.

■ **الصراع بين الأفراد** : ويشير إلى مواقـف عـدم الاتفـاق بـين الأفـراد ، فقـد يختلـف العاملون فيما بينهم وتنشأ بينهم حالات المنافسة والتحدي ، في محـاولات لإثبـات الكفاءة والاقتدار أمام المسـؤولين في المؤسسة ، وقد يكـون الخـلاف بـين العـاملين ورؤسائهم المبـاشرين في القسـم نفسـه ، أو بـين العـاملين ومـديرهم ، إضـافة إلى احتمال ظهـور الخلافـات بـين المسـؤولين ، فـأينما وجـد الأفـراد تظهـر الخلافـات والتضارب في وجهات النظر فيحل الصراع.

■ **الصراع بين المجموعات** : حيث تكون أطراف الصراع في هذا النوع عبارة عن مجموعات ، حيث يشكل وجود أفراد مشتركين في خصائص وأهداف وتطلعات معينة مجموعة متماسكة ، وحين تقابل هذه المجموعة مجموعة أخرى مماثلة لها من حيث التركيب ، فإنها تعمل كل ما بوسعها لتقويض

141

جهودها ومنجزاتها ، وكذلك تفعل المجموعة المقابلة ، الأمر الـذي يسـهم في تضارب المصالح والتوجهات ، فيظهر للعيان ما يدعى بالصراع بين المجموعات.

■ **الصراع بين المؤسسات** : ويظهر هذا النوع من الصراع ، حين تتشابه مؤسستين أو أكثر في طبيعة العمل أو نوع المخرج الذي تقدمه ، ومن أكثر الأمثلة شيوعاً على هذا النوع في الميدان التربوي ، المنافسة المحمومة بين المدارس الخاصة لتسويق نفسها ومدح كوادرها أمام المجتمع المحلي لاستقطاب أعداد متزايدة من التلاميذ.

مراحل الصراع

لا يحدث الصراع فجأة أو دون مقدمات ، بل إن هناك خطوات متسلسلة يظهر مـن خلالها الصراع ويشتد تباعاً ، حيث يبدأ الصراع بإحساس داخلي لـدى أطراف الصراع تجـاه بعضهم البعض ، ويتطور هذا الإحساس ليترجم على أرض الواقع بصورة محاولات تطبيقية لتحدي الطرف الآخر ومواجهته علناً لإضعافه والسيطرة عليـه ، وبناء عـلى مـا سـبق يمكن تقسيم مراحل الصراع كما يلي :

1- **مرحلة الكمـون** : وفيها يكون الصراع غير ظاهر بشكل يلفت الأنظار، بل إنه يكون متسـتراً ولا يعدو كونه إحساسات سلبية تنتاب طرف من أطراف الصراع تجاه الطرف الآخر ، وتتسم هذه المرحلة بأن أطراف الصراع تشعر بعدم الرضا تجاه ظروف العمـل وتجـاه الطرف المضاد.

2- **مرحلة الإدراك** : وفي هذه المرحلة يصبح الصراع أمراً واقعاً وملموساً وظاهراً للعيان ، حيث لا يمكن إخفاؤه ، وذلك نتيجة لاستفحال الخلاف والتضارب بين أطراف الصراع.

3- **مرحلة الأثر** : وتسمى أحياناً بنتيجة الصراع ، وتتضمن اتضاح الآثار المترتبة على الصراع ، فإما أن يشير إلى انتصار طرف على آخر ، أو تسوية الصراع والتأسيس لعلاقات تعاونية بين الأطراف المتنازعة ، أو غير ذلك من النتائج التي يسفر عنها الصراع المؤسسي.

أما من الناحية التاريخية فقد تطورت النظرة إلى الصراع تبعاً للاتجاهات والنظريات التي تناولته بالبحث والتحليل ، ويمكن تقسيم مراحل تطور مفهوم الصراع وفقاً للتصنيف التالي:

■ **مرحلة المدرسة التقليدية** : وتتسم هذه المرحلة بالنظرة السلبية إلى موضوع الصراع حيث تعتبره أمراً لابد من التخلص منه ، حيث تؤكد هذه المدرسة على أن ضعف الاتصال بين أطراف العمل وضعف التفاعل بينهم هو السبب الأساس في حدوث الصراع داخل المؤسسة ، وهذا ما أشارت إليه تجارب هاوثورن الشهيرة حول السلوك المنظمي.

■ **مرحلة المدرسة السلوكية** : وهي مرحلة حديثة نسبياً مقارنة مع المرحلة السابقة حيث ترى هذه المدرسة أن الصراع داخل المؤسسات أمر طبيعي ، بل ذهبت إلى أنه ينبغي وجوده في أية مؤسسة لتشجيع العاملين على التنافس لتحقيق الأهداف المرجوة ، إلا أن الأمر يتطلب قائداً قادراً على إدارة هذا الصراع بفاعلية وبما يحقق المنفعة للمؤسسة.

■ **مرحلة المدرسة التفاعلية** : لم تكتف هذه المدرسة باعتبار الصراع حالة إيجابية تتسم بها المؤسسة المتميزة والفاعلة بل تعدت ذلك إلى تشجيع القادة على إيجاد أجواء الصراع لحث العاملين على التنافس وبذل المزيد من الجهود لتحقيق

أهداف المؤسسة ، وتعتبر هذه المرحلة الأحدث نسبياً مقارنة بسابقاتها ، ويمكن القول إن المؤسسات العصرية تأخذ أفكار هذه المدرسة في هذا الصدد بعين الاعتبار.

التعامل مع الصراع

تتعرض المؤسسات التربوية لأوضاع ومواقف تتضمن صراعات بين أطراف متعددة ، وقد تكون تلك الصراعات بدرجات وأشكال متفاوتة وفقاً لما تم توضيحه سابقاً ، وتؤثر حالات الصراع داخل أية مؤسسة تربوية على مسيرة المؤسسة بشكل واضح ، وقد تسهم في زيادة فاعليتها أو في تدهور أوضاعها نحو الأسوأ ، وهنا تبرز كفاءة القائد التربوي في توجيه دفة الصراع داخل المؤسسة نحو جوانب الخدمة ورفع مستوى الإنتاجية.

فقد يرى القائد التربوي أن لديه مقدرة على إقناع الأفراد تحاشي الوقوع في الصراع بكافة أنواعه ، وقد يلجأ إلى جملة من التدابير الإجرائية التي تحول دون استفحال الصراع ، بل قد تكون الإجراءات كفيلة بأن يفقد الصراع أهميته ، ويتم ذلك من خلال احتواء بعض الشخصيات التي تثير حالات الصراع وذلك بطرق متنوعة ، وقد يستثمر القائد قوة المركز الذي يشغله لمنع حدوث اضطرابات أو صراعات يمنع الأفراد من استغلال الفرص السانحة لذلك ، وقد يتجاهل القائد موضوع الصراع برمته ، وذلك انطلاقاً من ثقته بنفسه وبقيادته للمؤسسة وسيطرته على زمام الأمور داخلها ، وعدم استطاعة العاملين الآخرين التأثير على زملائهم وتحريضهم على التكتل وافتعال الأزمات والقلاقل.

ولابد أن يستند القائد على جملة من المبادئ الداعمة لعملـه في إدارة الصراع في حال حدوثه ، ومن تلك المبادئ ما يلي:

1- تعريف العاملين بالأهداف والمرامي التي تسعى المؤسسة إلى تحقيقهـا مـن خـلال تعاون العاملين جميعاً.

2- صياغة الأهداف الواضحة والقابلة للقياس والتحقيق ، بمعنى أن لا تكون الأهـداف خيالية.

3- فتح قنوات وطرق اتصال كفيلة بتحقيق التفاعل والتواصل البناء بين كافـة عنـاصر وأطراف المؤسسة.

4- اختيار النمط القيادي الأفضل والأمثل وفق مقتضيات المصلحة العامة للمؤسسة.

5- تشجيع العاملين على التدريب المستمر والنمو المهني لاكتساب وتحسـين معـارفهم ومهاراتهم.

وفي المقابل قد يتعامل القائد التربوي بأسلوب مختلف تماماً تجاه حالات الصراع داخل المؤسسة ، ويعتبر تعامله هذا منضوياً تحت لواء النظرة الحديثـة للصراع ، فقد يعتبر أن الصراع وسيلة من وسائل النهوض بالمؤسسة نحو التقدم والتطور وذلك من خلال المنافسات الحادة بين أطراف الصراع لإثبات الكفـاءة في العمل وتحقيق أعلى مسـتوى مـن الإنتاجيـة والجـودة ، فيأخـذ علـى عاتقـه مسؤولية توجيه هذه الكفاءات بالطريقة التي يراها مناسبة لمصلحة المؤسسة ،

وذلك في ظل اقتناعـه بـأن تـوفر قـدر معـين مـن الصراع أمـر ضروري لفاعليـة العمـل في المؤسسة.

دور القائد في إدارة الصراع

تتعدد المواقف التي يحدث خلالها الصراع داخل المؤسسات التربوية ، وهـذا يـدعو القائد إلى الوقوف على خيارات وبدائل متعددة لمعالجة المشكلات والتحديات التي تـنجم عن أوضاع الصراع ، وينبغـي عـلى القائـد الاطـلاع عـلى الأوضـاع داخـل مؤسسـته ومراقبـة الأحداث بحصافة وحذر ، ليتمكن من تعرف حيثيات الصراع الدائر بين الأطراف المتعـددة ، والتصرف بناء عليها للوصول إلى القرار الرشيد بخصوص موضوع الصراع ، ولقـد تباينـت وجهات النظر والآراء المنادية بـالحلول المناسبة للصراع ، فقـد تعـددت الآليـات الإجرائيـة المقترحة والتي تمكّن القائد من التعامل مع مواقف الصراع بكفاءة واقتدار.

وعطفاً على ما سبق يمكن اقتراح الأدوار التي يمكن أن يقوم بها القائد تجاه الصراع وأطرافه، وذلك على النحو الآتي :

أولاً : توضيح الأهداف العامة للمؤسسة التربوية ، وحث الأفراد عـلى الالتـزام بهـا وأخـذها بعين الاعتبار ، وعدم تجاوزها بأي حال من الأحوال.

ثانياً : احترام إنسانية العاملين وتقبل آرائهم ومناقشتهم فيها.

ثالثاً : تعريف كافة العـاملين بالخـدمات التـي تقـدمها المؤسسـة وبالمهـام الموكـولة إلـيهم ، وإفساح المجال لهم للتعرف على مهام ومسـؤوليات زملائهـم ، ليتسـنى لهـم تقـدير ظروفهم وعدم إطلاق الأحكام العشوائية عليهم والتي من شأنها إشعال فتيل الصراع داخل المؤسسة.

رابعاً : استغلال المركز الوظيفي الذي يشغله القائد التربوي : ويتم توظيف هذا الدور كورقة أخيرة في التعامل مع الأزمات ، للوصول إلى درجة الحسم في التعامل مع القضايا المتنازع عليها.

خامساً : استطلاع درجة وجود الرضا الوظيفي لدى العاملين ومحاولة تنميتها بالطرق الممكنة.

سادساً : تنمية أجواء التعاون والمشاركة بين العاملين في المؤسسة بكافة مستوياتهم الوظيفية ، للإسهام في دفع عجلة الصراع نحو تحقيق المصالح العليا للمؤسسة.

سابعاً : تشجيع العاملين على بذل أقصى ما يمكنهم من مجهود لاستغلال الموارد المتاحة في جو يسوده التنافس الشريف لتحقيق الأهداف المرجوة.

ثامناً : احتواء أطراف الصراع أو أحدها وبذل المجهود لحل المشكلات المسببة للصراع من جهة أحد الأطراف.

تاسعاً : السعي نحو إيجاد الحلول الوسط التي ترضي كافة أطراف الصراع.

ولعل من أبرز استراتيجيات إدارة الصراع ما يلي[1]:

1- إستراتيجية التنافس (Competitive) : وتتضمن أن يتنازل أحد الأطراف عن شيء مقابل الحصول على شيء آخر ومن ثم فإن الهدف في هذه الحالة

(1) هشام مريزيق ، دراسات في الإدارة التربوية ، م.س ، ص58 – ص59 ، بتصرف.

هو تحديد محكّات التبادل بين الطرفين والتي يمكن أن تساعد على إدارة الصراع، وهو نمـط حازم و غير تعاوني.

2- إستراتيجية المجاملة (Accommodating) : وتعني تـرك أحـد أطراف الصراع لاهتماماتـه الخاصة به مقابل تحقيق رغبات الطرف الآخر، وهو نمط حازم و لكنه تعاوني.

3- إستراتيجية التجنـب (Avoiding) : وهـي تعني تجاهـل مسببات الصراع بالرغم مـن استمرار حدوثه، فصاحب هذا النمط يتبع نمط المسايسة في تجنب قضيه ما، وكذلك تأجيلها حتى وقت آخر مناسب أو الانسحاب من موقف فيه تهديد لمصالحه، وهو غير حازم و غير تعاوني.

4- إستراتيجية التعاون (Collaborative) : وهي عكس التجنب، وتعني الجهـود التـي يبـذلها مدير المنظمة بغية تدعيم اعتقاد العاملين بأن أهدافهم متناغمـة أكثر منها متنافسـة ودفعهم إلى مناقشـة الاخـتلاف الموجـود بينهم بصراحة ووضـوح والـتعلم مـن خـبرة وحكمة بعضهم البعض، وهو نمط حازم و تعاوني.

5- إستراتيجية التسوية (Compromising) : وتعني إيجاد حل وسط يرضي جميع الأطراف في الصراع، وصاحب صاحب هذا النمط متوسط الحزم و متوسط التعاون.

ويمكن تلخيص ذلك من خلال الجدول الآتي [1]:

---

(1) بندر بن محمد العمري ، التطوير التنظيمي وإعادة التنظيم ، م.س ، بتصرف.

الإستراتيجية	صفات القائد	النتائج المتوقعة	الآليات الإجرائية
التنافس : يحاول طرف أن يحقق مصلحته الخاصة على حساب مصلحة الطرف الآخر	متشدد غير متعاون	ربح وخسارة	● عند الرغبة في اتخاذ قرار سريع وذلك لأمر مهم. ● في حالة إحداث تغييرات . ● في حالة فشل النماذج الأخرى ● عند تدني مستوى الثقة التنظيمية
المجاملة: يحاول طرف تحقيق مصلحة الطرف الآخر حتى وإن كان على حساب مصلحته	غير متشدد متعاون	خسارة وربح	● إذا توفرت لدى الإدارة الرغبة الأكيدة في المحافظة على العلاقات داخل المنظمة . ● في حالة رغبة المنظمة في حل الصراع . ● في حالة الرغبة في تنمية مهارات الأفراد العاملين . ● عند الرغبة في معرفة آراء العاملين.
التجنب : بتجاهل طرف ما مصلحته ومصلحة الطرف الآخر	غير متشدد غير متعاون	خسارة وخسارة	● إذا توصل أطراف الصراع إلى أن الصراع ليس ذي أهمية . ● إذا كان الصراع يحتاج لوقت طويل . ● إذا رغب كل طرف في تهدئة الوضع .
التعاون : يحاول	متعاون	ربح وربح	● لإيجاد حلول للمشكلات

الطــرف الأول تحقيــق مصلحته ومصلحة الطرف الآخر			المزمنة . • للحصول على الاجتهادات في حل المشكلات . • لتبادل الخبرات والمشاعر .
التســوية : ويكــون هنــا الحل الوسط أي التعـاون والحزم مـن كـلا الطـرفين وكـل مـنهما يحقـق جـزء من الربح والخسارة	متشدد متعاون	ربح وخسارة ربح وخسارة	• إذا كانــت النتيجــة التوصــل إلى اتفاق في حالة تمتع كل طرف بموقـف قوي . • لإيجـاد حلـول مرضـية للطـرفين ومؤقتة .

ملخص الفصل

الأزمة التربوية خلل يحدث في النظام التربوي ، وتعرف بأنها وضع غير مرغوب فيه وبحاجة إلى تغيير ، ومن أبرز أسبابها ازدياد أعداد التلاميذ ، وضعف تمويل المؤسسات التربوية ، والفجوة الواسعة بين المؤسسة التربوية والمجتمع المحلي ، وينجم عن الأزمة التربوية آثار عدة منها عدم فاعلية القوانين والتشريعات ، والإحباط واليأس في صفوف العاملين في المجال التربوي ، ويضطلع القائد التربوي بأدوار هامة في إدارة الأزمات بما يحقق مصالح المؤسسة، في ظل ما يتمتع به من عقلانية ووضوح في التفكير والإدراك بالقضايا التي تواجهه ، ولابد للقائد من العمل الجاد والمثابر من أجل إيجاد الطرق والتدابير الكفيلة بمواجهتها والسيطرة على الأوضاع الصعبة ، ويمكن للقائد التربوي التصدي للأزمات التي تحدق به وبمؤسسته من خلال العديد من الإجراءات والتي من أبرزها : وضع الخطط الاستباقية وفقاً لأنماط الأزمات المتوقعة ، والتأكد من أوضاع الموارد البشرية والمادية ، وعقد الدورات التدريبية المتخصصة ، والجرأة في اتخاذ القرارات.

وينشأ الصراع حين تتضارب المصالح ، ويحدث ضمن مراحل وأشكال متعددة ، وقد اختلفت وجهات النظر حوله وفقاً لتعدد المدارس والنظريات التي بحثت فيه سواء التقليدية منها أم الحديثة ، ولعل وجهات النظر المتباينة في نظرتها إلى الصراع قد اتفقت على العوامل المسببة له والتي من أبرزها : عدم وضوح الأهداف ، وعدم وضوح الوظائف ، ومن أبرز استراتيجيات إدارة الصراع استراتيجيه التعاون والتنافس والتجنب والمجاملة والتسوية.

الفصل الرابع

دور القيادة التربوية

في عمليتي الاتصال والتقييم

ويتضمن:

أولاً : الاتصال

تمهيد

تعريف الاتصال

أهمية الاتصال

أنواع الاتصال داخل المؤسسة التربوية

دور القائد التربوي في عملية الاتصال

ثانياً : تقييم البرامج التربوية

تمهيد

أنواع التقييم

مراحل التقييم

وظائف القائد في عملية التقييم

تطوير خطة التقييم

خصائص (معايير) التقييم الناجح

ممارسات لتحسين التقييم

ملخص الفصل

الفصل الرابع
دور القيادة التربوية
في عمليتي الاتصال والتقييم

أولاً : الاتصال

تمهيد

يعد الاتصال ركناً حيوياً من أركان نجاح وفاعلية أية مؤسسة سواء أكانت تربوية أم غير تربوية ، ويكون ذلك حين يتم توظيف الاتصال لخدمة أغراض المؤسسة ، وتوجيهه نحو القيام بالواجبات والمسؤوليات المساهمة في تحقيق الأهداف العامة والخاصة للمؤسسة ، ويتضمن الاتصال مهارات وقنوات متعددة وذات وظائف متنوعة من الناحية الفنية للعمل ، حيث يسهم في زيادة التفاعل وتسهيل القيام بالعديد من الأعمال بفعل التنسيق والتنظيم واختصار الوقت والجهد والتكلفة وغير ذلك مما توفره عمليات الاتصال ، كما يعد الاتصال جزءاً هاماً من متطلبات القائد الفاعل ، حيث يمكن الاستفادة من الاتصال في إقناع الآخرين بأمر ما ، أو التحاور معهم ، وكلما كانت عملية الاتصال واضحة ساعد ذلك في تطوير مهارات الاتصال اللفظية وغير اللفظية.

155

ومن خلال عملية الاتصال تنقل المعلومات والأوامر والتعليمات والبيانات والقرارات من مستوى الإدارة العليا إلى مستويات التنفيذ ، كما تنقل من مستويات التنفيذ إلى مستوى الإدارة العليا على شكل تقارير واقتراحات ، أي أنها تربط بين مراكز اتخاذ القرار ورسم السياسات في الإدارة ومراكز التنفيذ ، لذلك اعتبرت عملية الاتصال من المكونات الرئيسة للعمليات الإدارية[1].

تعريف الاتصال

يُعرف الاتصال لغة بأنه الصلة أو العلاقة وبلوغ غاية معينة من تلك الصلة[2] ، ويعرف الاتصال بوجه عام بأنه عملية إدارية تهدف إلى دفع الأفراد نحو التصرف وفقاً لمقتضيات موقف ما وممارسة بعض السلوكيات الملائمة له ، كما يعرف بأنه عملية مخطط لها تحدث في أوقات محددة مسبقاً ، وتتضمن الاختلاط بين الأزمنة وتأثير كل زمن على الآخر ، ويعرف بأنه عملية تفاعل بين الأفراد تتضمن تبادلاً لمجموعة من الأفكار والمعارف والخبرات والاتجاهات والقيم والسلوكيات ، ويُعرف بأنه قيام طرف ما بإرسال رسالة إلى طرف آخر بغية ممارسة سلوك معين في موقف ما ، ويُعرف بأنه أسلوب يؤثر من خلاله شخص على شخص آخر باستخدام أدوات معينة ، ويُعرف بأنه طريقة للتفاهم مع الآخرين ضمن الظروف الراهنة ، ويعرف بأنه عملية انتقال للبيانات على شكل رموز.

(1) محمود المساد (2003) الإدارة الفعالة ، ط1 ، مكتبة لبنان ناشرون ، بيروت ، ص179.
(2) مصطفى حجازي (1982) الاتصال الفعال في العلاقات الإنسانية والإدارة ، دار الطليعة ، بيروت ، ص20.

ولعل أفضل وصف لمفهوم الاتصال هو ذلك الوصف الذي يشير إلى أن الاتصال هـو الإجابة عن الأسئلة والاستفسارات التالية : من .... ؟ ، ماذا....؟، لمن .... ؟ ممن .... ؟[1]، ومـن أبرز تعريفات الاتصال ما عرفه كارل هوفلاند من أنه عمليـة يقـوم بموجبهـا المرسـل بإرسـال رسالة بقصد تعديل أو تغييـر سـلوك المسـتقبل وعرفـه شـانون و ويفـر بأنه يمثل كافـة الأساليب والطرق التي يؤثر بموجبها عقل في عقل آخر باستعمال الرموز المختلفة بما في ذلك الفنون ، وعرفه مارتن أندرسون بأنه العملية التي من خلالها نفهم الآخرين ويفهموننا ويرى برنسون و ستايز بأنه عملية نقل المعلومات والأفكار والمهـارات بواسـطة اسـتعمال الكلـمات والصور والأشكال والرسومات   وعرفه كيلي بأنه العملية التي بواسطتها يستطيع إنسان ما معرفة ما يـدور في خلـد شـخص آخـر أو مـا يفكـر فيـه أو يشـعر بـه وعرفـت الجمعيـة الأمريكية للإدارة الاتصال بأنه فن خلق وإشاعة التفاهم بين الناس ، كما عرفه ليلانـد بـراون بأنه عبارة عن عمليـة نقـل وتلقـي الأفكـار والآراء وتبـادل المهـارات والمعلومـات للتـأثير في الآخرين وأخيراً يمكن القول بأنه وسيلة نقل المعلومات والقيم والاتجاهات ووجهات النظـر في إطار نفسي واجتماعي وثقافي معين مما يساعد على تحقيق التفاعل بين الأفراد مـن أجـل تحقيق الأهداف المنشودة[2].

---

(1)William W. Savage (1968) Interpersonal and Group In Educational Administration ,p:300.

(2) هشام مريزيق ، دراسات في الإدارة التربوية ، م.س ، ص169 – ص170.

والاتصال من العلوم الإنسانية الهامة التي ظهر الاهتمام بها منـذ وقت قريب ، وذلك بفعل العديد مـن العوامـل ومـن أبرزهـا زيـادة وامتـداد العلاقات الإنسـانية والاجتماعية ، وزيادة الدقة في التخصصات والأعمال المختلفة ، وزيادة حجم المؤسسـات ، وتسارع التغيرات والمستجدات في الميادين كافة ، إضافة إلى التقدم العلمي والتكنولـوجي الهائل في تلك الميادين ، إلى جانب اكتشاف طرق وأساليب جديدة ومستحدثة في كافة الأعمال مما تطلّب تقسيم العمل والخروج بمستويات وظيفية متعددة.

ويشير الاتصال إلى علاقة قائمة بين طرفين أو أكثر هدفها نقل بعـض البيانات مـن طرف إلى آخر وذلك لإدراك بعض الأمور الهامة للطرفين وتطبيق المهـام الكفيلـة بتحسـين العمل ، ويرتبط الاتصال بعلاقة وطيدة بالقيادة ، حيث تعتمـد القيادة علـى توظيف الاتصال بفاعلية داخل المؤسسة لضمان حسـن سـير العمل وقيام العاملين بالوظائف والمسؤوليات الموكلة إليهم بدقة وبإنتاجية عاليتين ، وتظهر أهمية هذه العلاقة بوضوح في المؤسسات التربوية ، حيـث تسـهم عمليـات الاتصـال بـين العـاملين أو بـين القيادة والعاملين في إبقاء أطراف وعناصر المؤسسة التربوية على تواصل مستمر وإدراك كبير بحيثيات العمل داخل المؤسسة ومواجهة كافة التحديات والعقبـات التي قـد تواجه العاملين في كافة مستوياتهم الوظيفية.

أهمية الاتصال

تعتبر عملية الاتصال مـن أبـرز العمليات الـدائرة في المؤسسات التربوية والتي يأخذها القادة التربويون بعين الاعتبار ويولونها أهمية بالغة ، فمع زيـادة تعقيد وحجم المؤسسـات والمنظمات التربوية ظهـرت الحاجـة إلى زيادة تنظيم

عمليات الاتصال بين العاملين من جهة وبين العاملين وقائدهم من جهة أخرى، حيث يسهم الاتصال في تسهيل عمليات تحقيق الأهداف التربوية وتنمية التوجه نحو العمل التعاوني والتحلي بروح الفريق ، ويسهم توظيف وسائل وأساليب الاتصال الفاعلة في زيادة تأثير القائد التربوي على العاملين معه وتحسين المناخ التنظيمي داخل المؤسسة التربوية إلى جانب ما توفره عملية الاتصال من تنظيم وتنسيق في العمل التربوي بوجه عام ، وزيادة المقدرة على التخطيط السليم وفق حاجات ومقتضيات العملية التربوية ضمن الإمكانات المتاحة.

هذا ويستوجب على رجل الإدارة إدراك أهمية الاتصال لنجاحه في العمل الإداري ، وبخاصة أنه يعمل في ظل ظروف تتسم بالتغيير وسرعة التطور ، ولعل أهمية الاتصال في النظام التربوي تكمن في الجوانب الآتية:

1- الحاجة الماسة إلى التواصل وتبادل الأفكار والحصول على المعلومات في مختلف النظم ومن أبرزها النظام التربوي.

2- زيادة التعقيد في النظام التربوي من حيث الحجم والوظائف والمهام الأمر الذي يستلزم الاهتمام بالاتصال.

3- زيادة التعقيد في التخصصات المختلفة ، الأمر الذي أدى إلى زيادة فروع تلك التخصصات ، مما أفرز حاجة ملحة لزيادة التنسيق وذلك من خلال الاهتمام بالاتصال.

4- تسارع المستجدات والتطورات الحاصلة في الميادين كافة ومن بينها الميدان التربوي.

و يعمل الاتصال على نشر المعرفة الإنسانية الهادفة وتعميمها ، فنشر المعرفة يثري العقل والشخصية ويساعد في رفد مهارات الإنسان وزيادة قدراته عبر مراحل نموه ، ويمكنه من مواجهة المشاكل المستجدة والتغلب عليها كما يعمل الاتصال على نشر الإبداع الفني والثقافي وحفظ التراث وتطويره ، مما يؤدي إلى توسيع آفاق الفرد المعرفية ، وإيقاظ الخيالات والمواهب والإبداع ، ونقل خبرات وأفكار ومبتكرات جماعة ما إلى أخرى ومن جيل لآخر، ولا شك في أن الاتصال يتيح للإنسان الفرصة كي يتزود بأنباء الآخرين في محيطه الاجتماعي والإنساني ، وهذا يزيد من فرص التعارف الاجتماعي ،و التقارب والتفاهم لظروف وأحوال الآخرين والشعور معهم[1].

إن عملية الاتصال تتيح للقائد التربوي القيام بأدواره بكفاءة وفاعلية أكبر مما لو لم يكن ثمة اتصال بينه وبين العاملين معه ، حيث يمكنه الاتصال من تعريف العاملين بالمهام التي ينبغي عليهم القيام بها في مواقف معينة ، وتوضيح الأهداف المؤمل تحقيقها ، بالإضافة إلى ما يسهم فيه الاتصال من تحسين للعلاقات بين القائد التربوي والعاملين ومد جسور الثقة بينهم ، وبناء على ذلك يمكن الزعم بأن ثمة علاقة طردية بين طبيعة الاتصال ومدى القوة والترابط في العلاقات الإنسانية بين القائد والعاملين.

وينبغي على القائد التربوي توظيف الاتصال في المؤسسة التربوية بكفاءة واقتدار وذلك نظراً للأسباب الآتية:

- ضرورة الاستفادة من خبرات ومهارات الآخرين.

---

(1) هشام مريزيق ، دراسات في الإدارة التربوية ، م.س ، ص172.

- معاناة الكثير من المؤسسات من ضعف تنظيمي واضح.

- كثرة الأقسام والمستويات الوظيفية داخل المؤسسات التربوية.

- ضرورة مواكبة المستجدات والتطورات العلمية والتكنولوجية.

- النمو المتسارع في بنية النظام التربوي بوجه عـام وفي طبيعـة الأعـمال والوظـائف داخـل المؤسسة التربوية.

وبناء على ما سبق يمكن الاستنتاج بأن الاتصال وسيلة هامة من وسائل نقل المعرفة والخبرة والمهارات المتنوعة في المجالات كافة ، الأمر الذي يسهم في دفع أطراف الاتصال نحو النمو الشخصي والمهني الذي يسهل من مهمة مواجهة المشكلات والتحديات الطارئة ، إضافة إلى تنمية النزعة الإبداعية في مختلف الميادين ، كما يسهم الاتصال في تنمية التفاعل الاجتماعي بين أطراف الاتصال ، مما يزيد من فرص التكيف والتأثير في الآخرين بأيسر الطرق ، وبالتالي يشعر الطرف المؤثر بتقدير الذات ، كما تتحقق الإثارة لدى الطرف الآخر لتحقيق الطموحات والرغبات المرجوة ، وفي المؤسسة التربوية تظهر قيمة الاتصال من خلال إدراك العاملين لأهداف المؤسسة وتعزيز فرص التعاون بين العاملين في كافة مجالات ومراحل العمل كالتخطيط والتنظيم والتوجيه والتقييم واتخاذ القرارات ، وبذلك فإن الاتصال وظيفة قيادية حيوية تسهم في اكتمال العمل بالطريقة الفضلى ، وفي تهيئه المناخ الملائم للعمل ، وفي تحسين جودة العمل.

161

إن الإنسان بحاجة لأن يؤثر في غيره وأن يعبر عما في نفسه ولا يخفى ما للاتصال من دور في حفز الأفراد وإثارة آمالهم وطموحاتهم لما يوفره من أسباب المناقشة الشريفة الهادفة من خلال تسليط الأضواء على القوى التي حققت النجاح والإنجازات المتفوقة وبيان العوامل والأساليب التي أدت إلى ذلك ويعمل الاتصال على التخفيف من المعاناة والتوتر الذي يستشعره الإنسان نتيجة ضغوط الحياة الحديثة عن طريق تقديم الفنون المتنوعة والغناء والموسيقى والرياضة هذا ولاشك بأن الفائدة ستزداد إذا اتجه الترفيه نحو البناء والفائدة فتستغل رغبة الأفراد في الاستمتاع بالمواد المعروضة [1] ، وفيما يلي شكل يوضح أبرز أفكار عملية الاتصال[2]:

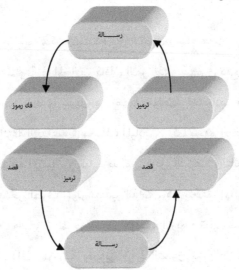

(1) جودت عطوي (2001) الإدارة التعليمية والإشراف التربوي : أصولها وتطبيقاتها ، ط1 ، الدار العلمية الدولية ، عمان

(2) سامي خصاونة (1986) أساسيات في الإدارة المدرسية ، شقير وشكعة ، عمان ، ص155.

أنواع الاتصال داخل المؤسسة التربوية

يمكن تقسيم عملية الاتصال التي تدور رحاها ضمن العملية التربوية والتي يكون القائد التربوي متابعاً لها إلى الأقسام الآتية:

1- **الاتصال ذو الاتجاه الهابط** : وهو الاتصال الموجه من المستويات الوظيفية العليا إلى المستويات الدنيا ، ويتضمن انتقال حزم من البيانات والتوجيهات والقرارات والتعليمات واللوائح والأنظمة من القيادة أو من يمثلها إلى المرؤوسين (العاملين) ، ويعتبر هذا النوع من الاتصال من أكثر الأنواع قدماً وأوسعها انتشاراً داخل المؤسسات المختلفة وبخاصة التربوية منها ، ويتخذ هذا النوع في الميدان التربوي أشكالاً تطبيقية متعددة بتعدد الأغراض الرامية إليها ، فقد تكون على شكل كتب رسمية أو نشرات تربوية أو اتصالات هاتفية أو زيارات ميدانية وغير ذلك كثير.

2- **الاتصال ذو الاتجاه الصاعد** : وهو على النقيض تماماً من النوع السابق من حيث المفهوم ، حيث يتجه هذا الاتصال من المستويات الوظيفية الدنيا إلى المستويات العليا ، ويشير هذا النوع من الاتصال عادة إلى قيام العاملين بالرد على الاتصال من النوع السابق ، سواء أكان ذلك على شكل إجابات حول مواضيع معينة أم إرسال تقارير حول أدائهم في المؤسسة ، أم إرسال اقتراحاتهم ووجهات نظرهم للمستويات العليا.

3- **الاتصال الأفقي** : ويتم ضمن نفس المستوى الوظيفي ، ويتضمن فتح قنوات اتصال جديدة أو تنمية الموجود منها بين العاملين الذين يشغلون

163

الوظيفة نفسها أو بين العاملين الذين يشتركون في مستوى واحد ، الأمر الذي يسهم في تعزيز التنسيق والتنظيم وتبادل الخبرات والأفكار.

ويستعيض البعض عن هذا التقسيم من خلال دمج بعض الأقسام السابقة ضمن مجموعة واحدة ، الأمر الذي يفرز التقسيم الآتي لأنواع الاتصال[1]:

أولاً : الاتصال الرسمي : ويتضمن الاتصال من أعلى إلى أسفل ، والاتصال من أسفل إلى أعلى ، أي الاتصالات الحاصلة من القائد باتجاه العاملين ، ومن العاملين باتجاه القائد ، أما غير ذلك فإنه لا يمكن وصفه بأنه اتصال رسمي، ويتأثر هذا النوع من الاتصال بأمرين هما: مبدأ وحدة السلطة أي أن إصدار الأوامر يتم من شخص مخول بإصدار الأوامر لمن يتبعه ، كما يتأثر الاتصال الرسمي بعملية الإشراف التي يمارسها القائد تجاه العاملين معه ، ويتخذ الاتصال الرسمي صيغتين أو شكلين واضحين هما شبكة الهرم أو شبكة الدولاب.

(1) سامي خصاونة (1986) أساسيات في الإدارة المدرسية ، شقير وعكشة ، عمان ، ص156 – ص160.

شبكة الهرم[1]

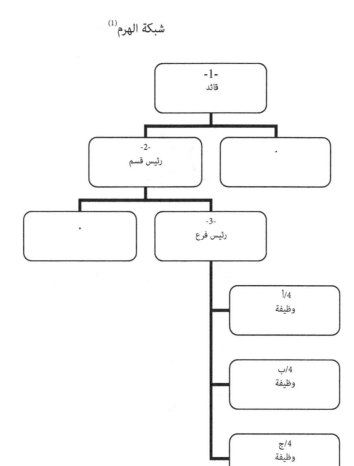

(1) المرجع السابق ، ص159.

وثمة من يرى أن الاتصال الرسمي يتضمن العديد من الشبكات وهي موضحة كما في الجدول التالي [1]:

اسم الشبكة	الصورة التوضيحية
العجلة (الدولاب)	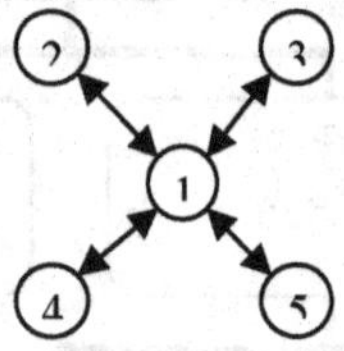
السلسلة	
الشعاع	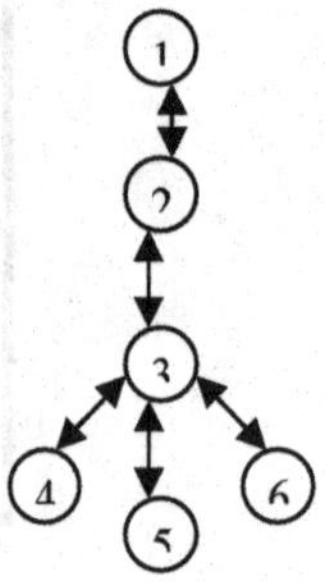

(1) محمود المساد ، الإدارة الفعالة ، م.س ، ص203 – ص204.

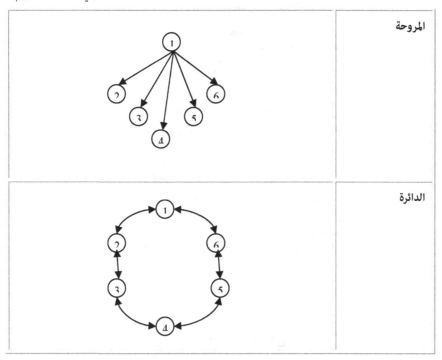

	المروحة
	الدائرة

ثانياً: الاتصال غير الرسمي : ويشير إلى علاقات الصداقة بين العاملين ، وقد يؤثر هـذا النـوع في طبيعة وفاعلية الاتصال الرسمي ، ومن أشهر شبكات هذا الاتصال شبكة السلسـلة وشبكة النجمة.

167

شبكة النجمة [1]

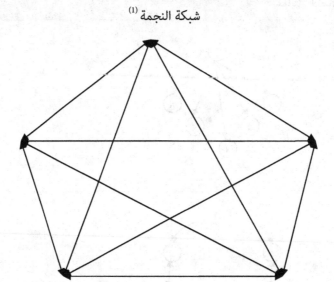

ويرى البعض أن الاتصال ينقسم إلى الأنماط الآتية [2]:

1- **الاتصال البين شخصي المباشر** : ويتأثر هذا النمط من الاتصال بعوامل متعددة هي: البيئة ، والمرسل ، والمستقبل ، والرسالة ، والترميز ، وإعادة الترميز ، والتغذية الراجعة ، والتنقية ، والضوضاء ، ويعد هذا الاتصال من

(1) سامي خصاونة ، أساسيات في الإدارة المدرسية ، م.س ، ص161.
(2) الإدارة الناجحة بأسلوب الاتصال الفعال ، بحث منشور على الموقع الإليكتروني :
http://www.hrdiscussion.com/hr683.html

أخطر أنواع الاتصالات لأنها لحظية ومباشرة وتحتاج إلى جهد مضاعف في استخدام مهارة الاتصال الناجح وبفعالية لاجتياز الموقف بإيجابية.

2- **الاتصال الكتابي** : ويتميز هذا النوع من الاتصال بوجود فرصة لاختيار كلمات الرسالة ومراجعتها بتأني قبل إرسالها، وبذلك يقل غموض الرسالة أو احتمالات سوء فهمها ، ومن أمثلتها الخطابات الرسمية والتقارير، والمذكرات.

3- **الاتصال اللفظي** : وهذا النوع له قواعد وأصول وأساليب لابد من تعلمها ثم التدرب عليها مع امتلاك المقدرة النفسية والموهبة.

دور القائد التربوي في عملية الاتصال

يسعى القائد التربوي من خلال تنمية وسائط الاتصال إلى تحقيق جملة من الأهداف من أبرزها:

- تبادل المهارات والخبرات والأفكار الجديدة والمستحدثة.

- تعزيز التفاعل الاجتماعي بين العاملين في المؤسسة الواحدة.

- توعية العاملين بأساليب العمل وإكسابهم المهارات اللازمة للتنفيذ.

- إكساب العاملين وسائل جديدة للتعامل مع المواقف وتحسين اتجاهاتهم نحوها.

ويمكن للقائد التربوي اختيار العديد من الوسائل لتنفيذ عمليات الاتصال بينه وبين العاملين في المؤسسة التربوية ، ومن أبرز تلك الوسائل:

169

- تشكيل المجالس التربوية المتخصصة والمعنية بمناقشة القضايا التي تهم المؤسسة التربوية ، فمن شأن هذه المجالس أن تسهم في التنسيق بين كافة الأقسام بغية الوصول إلى قرار تشاركي حول قضية ما ، وذلك لتحقيق أقصى درجة من النفع والفائدة للمؤسسة.

- تشكيل اللجان الهادفة إلى تنظيم العمل والخروج بإحاطة شاملة لآليات العمل واختيار أفضل الأساليب لتنفيذها.

- تنظيم اجتماعات دورية مع العاملين للوقوف على أبرز التحديات والقضايا الطارئة والخروج باقتراحات وبدائل حل للمشكلات المختلفة ، وتعرف احتياجات العاملين ومطالبهم ومحاولة تلبيتها.

- الاهتمام بتفعيل التقارير والنشرات التربوية والإدارية الهادفة إلى توجيه العاملين نحو طرق العمل المناسبة.

- إجراء المقابلات مع العاملين وكافة أطراف العملية التربوية لمناقشة المشكلات والتحديات التي تواجه مسيرة المؤسسة التربوية.

إن مهمة القائد التربوي لا تتوقف عند حد تنفيذ التعليمات والقرارات داخل المؤسسة التربوية ، بل يتعدى الأمر إلى ما هو أبعد من ذلك بكثير ، فهو يتعامل مع نظام إنساني مفعم بالتفاعل بين عدة أطراف ويتسم بالتغير المستمر وسرعة التأثر بالمتغيرات والمستجدات في الميادين كافة ، فمن أجل تحقيق أهداف المؤسسة التربوية لابد للقائد من مراعاة ذلك والانخراط في عملية تفاعلية مع عناصر وأطراف العملية التربوية وإقامة العلاقات المهنية الإيجابية معهم ،

وإشراكهم في عمليات صنع واتخاذ القرارات وتعزيز قيم الاتصال والتواصل معهم ، وتبادل المعارف والخبرات والمهارات اللازمة للعملية التربوية.

والقيادة التربوية في أساسها عملية اتصال وتواصل مع الآخرين بهدف التأثير عليهم ، حيث تسعى القيادة إلى إكساب العاملين للأساليب والمهارات الضرورية للقيام بالأعمال بالطريقة الفضلى ، والتكيف مع معطيات البيئة الاجتماعية والمادية المحيطة ، للخروج بمفهوم الإنسان الصالح الذي يستطيع مجابهة التحديات بثقة واقتدار ، كما أن المؤسسة التربوية أصلاً مؤسسة تهدف إلى خدمة المجتمع من خلال العناية بالمخرجات التي تقوم بإخراجها إلى المجتمع المحلي لتنميته وتطوره ، لذا يسعى القائد التربوي إلى استغلال هذه الميزة في عمله ولتوفيق بين أدواره وأدوار العاملين معه لتحقيق المنفعة والمصلحة العامة للمؤسسة.

وعليه فإن الاتصال يعتبر من أبرز مهمات القائد التربوي الناجح ، فمن خلال هذه العملية يتم تنفيذ شبكة اتصال غرضها تعزيز أسس التفاعل والتعاون بين أطراف العملية التربوية للتعامل مع البيانات والمعلومات والمعطيات العامة التي يتطلبها العمل التربوي للوصول إلى مناخ تربوي سليم يتسم بالإنتاجية العالية والرضا الوظيفي ، ويمكن الزعم بأن القيادة الناجحة مؤشر واضح للاتصال الناجح فنجاح القيادة يستلزم توفير وسائل وقنوات اتصال فاعلة لتنفيذ المهام الساعية لتحقيق الأهداف المرجوة والحصول على تغذية راجعة حول تلك المهام والوظائف.

وباستطاعة القائد التربوي إنجاح عملية الاتصال من خلال اهتمامه بما يلي:

1- مراجعة أساليب وأدوات الاتصال ومعرفة جوانب القوة والضعف فيها.

2- الاختيار الأمثل لوسيلة الاتصال المناسبة وذلك حسب المواقف التي تتطلبها.

3- صياغة وتنفيذ الخطط الرامية إلى تحسين جودة العمل والمتضمنة لوسائل اتصال عصرية ومبتكرة.

4- مد جسور الثقة بينه وبين العاملين وتقبل آرائهم ومقترحاتهم والبقاء على تواصل مستمر معهم.

وبناء على ما تقدم فإن الاتصال يسهم في إدراك آليات العمل الصحيحة والمرغوب فيها ، مما يسهم في تنسيق الجهود والتعاون بين عناصر المؤسسة لتحقيق الأهداف المرجوة بجودة عالية وبمستوى متقدم من الإنتاجية ، كما يسهل عمليات صنع واتخاذ القرارات والقيام بالوظائف القيادية الهامة كالتخطيط والتنظيم والمتابعة والتقييم ، هذا وتعتبر عملية الاتصال عنصراً مكملاً للعملية القيادية الفاعلة والسليمة ، فهي وسيلة تفاعلية هامة تمكن عناصر وأطراف المؤسسة من إدراك كافة متغيرات وعناصر العمل ، كما تمكنهم من تقييم أعمالهم بشكل أكثر دقة ، ومن هنا لا ضير من مناقشة موضوع تقييم البرامج التربوية وذلك بعد الإحاطة بموضوع الاتصال ، وهذا ما ستتم مناقشته في الصفحات التالية من هذا الفصل.

ثانياً : تقييم البرامج التربوية

تمهيد

يعتبر التقييم وسيلة حيوية للوصول إلى أقصى درجات الجودة في الأعمال المختلفة ، حيث يهدف التقييم إلى الوقوف على النتائج التي حققها برنامج أو مشروع ما وتعرف جوانب القوة والضعف فيه بغية التنمية والمعالجة ، وذلك من خلال مراجعة شاملة للبرنامج أو المشروع وتقرير درجة نجاحه في تحقيق الأهداف التي يسعى لتحقيقها ، ويكاد التعريف الأكثر شهرة وشيوعاً للتقييم سواء أكان ذلك في الميدان التربوي أم الميادين الأخرى هو أنه : تقرير قيمة برنامج أو نشاط ما بغية إصدار أحكام صحيحة تجاه البرنامج أو النشاط وفقاً لأسلوب علمي سليم ، وقد تعددت المحاولات الهادفة لإيجاد تعريفات إجرائية شاملة لهذا المفهوم ، إلا أنها كانت تتمحور حول المعنى السالف ذكره بطرق متنوعة.

فالتقييم هو عملية تحديد أو تقرير قيمة برنامج أو نشاط ما ، من خلال جمع المعلومات حول المدخلات والمخرجات الحقيقية للبرنامج ، وبعد ذلك تتم مقارنة هذه المعلومات مع بعض المعايير أو التوقعات ومن ثم اتخاذ القرار حول البرنامج أو النشاط ، وينبغي ملاحظة أن المعايير أو الشروط المطلوبة قد قوبلت بنتائج صادقة وحقيقية تقيس أهداف البرنامج أو النشاط[1].

---

(1) هشام مريزيق ، دراسات في الإدارة التربوية ، م.س ، ص63.

ويسعى التقييم إلى تسهيل مهمة اتخاذ القرارات وذلك من خلال اتجاهين يركز الأول منهما على البيانات المساهمة في تحسين البرامج ، ويركز الاتجاه الثاني على قياس تأثير البرنامج المعني في المؤسسة ، وفي الميدان التربوي يسعى القادة التربويون إلى تصميم خطط شاملة لتقييم البرامج التربوية في المؤسسات ، حيث تتضمن خطة التقييم وصفاً وتحليلاً للبيانات المراد تقييم فاعليتها ، والمعايير التي تحكم نجاح وفاعلية البيانات ، إضافة إلى تحديد الموارد المادية والبشرية اللازمة لعملية التقييم.

أنواع التقييم

يمكن تقسيم التقييم انطلاقاً من زوايا عدة منها:

أولاً : أنواع التقييم من حيث المقيمين

ويقسم إلى التقييم الداخلي والتقييم الخارجي ، ففي التقييم الداخلي يكون المقيم من القائمين على تنفيذ البرنامج أو قريباً منه ، أما في التقييم الخارجي فإن المقيم يكون من خارج البرنامج ويتم تكليفه بالقيام بالتقييم.

ويتمتع المقيم الداخلي بسمات إيجابية عدة منها أنه يدرك ماهية البرنامج المراد تقييمه بحكم قربه منه ، كما أنه قد يتمتع بعلاقات طيبة مع الجهات التي سيتعامل معها ، هذا إضافة إلى أن التقييم الداخلي منخفض التكاليف ، إلا أنه يتسم بسمات سلبية منها استغلال العلاقات الطيبة فيما يضر بالتقييم ، وقد يكون المقيم الداخلي منشغلاً بوظيفة ما في المؤسسة وما تتطلبه من مسؤوليات ومهام ، كما يتمتع المقيم الخارجي بسمات إيجابية منها الكفاءة والموضوعية والمسؤولية العالية ، إلا أنه قد يتسم بسمات سلبية منها أن التقييم الخارجي يتطلب تكلفة

عالية ، كما أنه يتطلب وقتاً طويلاً ليتمكن المقيـم الخـارجي مـن فهـم واسـتيعاب البرنـامج موضوع التقييم.

ثانياً : أنواع التقييم من حيث طبيعة البيانات

ويقسم التقييم وفقاً لهـذا التصـنيف إلى التقيـيم النـوعي والتقيـيم الكمـي ، حيـث يعتمد التقييم النوعي على النتائج النوعية القائمة على الملاحظـات والانطباعـات والمقـابلات وتحليل المحتوى ، أما التقييم الكمي فإنه يتعامل بلغة الأرقام الناجمـة عـن تطبيق أدوات معينة كالاختبارات والاستبيانات والاستطلاعات والتي تخضع لعمليات إحصائية متنوعة.

ثالثاً : أنواع التقييم من حيث الانتشار الجغرافي

يقسم التقييم ضمن هذا التقسيم إلى التقيـيم الواسـع والتقيـيم الضـيق ، فـإذا كـان التقييم على مستوى الدولة ككل مثلاً فإنه يوصف بالواسع أما إذا كان على مسـتوى مدينـة أو منطقة تعليمية معينة فيوصف بأنه ضيق.

رابعاً : أنواع التقييم من حيث الفلسفة

ويقسم التقييم وفقاً لهذا التقسيم إلى التقييم التقليدي والتقييم المتطور ، ويسـتند التقييم التقليدي على الأسلوب العلمي البحت وتطبق فيه أدوات القياس التقليديـة ، إلا أن له محددات عدة ، أما التقييم المتطور فإنه يوظف أساليب متعددة للوصول إلى نتائج أكـثر فائدة وأهمية ، ويتسم هذا النوع من التقييم بأنه قد يؤدي إلى إدراك أفضل للـبرامج المـراد تقييمها.

خامساً : أنواع التقييم من حيث الحجم

ويعني ذلك نوع التقييم من حيث شموله للجزئيات ، ويقسم التقييم وفقاً لهذا التصنيف إلى التقييم الكلي والتقييم الجزئي ، حيث يهتم التقييم الكلي بالمخرجات العامة للبرنامج موضوع التقييم ، أما التقييم الجزئي فإنه يهتم بجزئيات معينة في البرنامج دون ربط ذلك بالبرنامج ككل.

وللتقييم أشكال عدة يمكن اعتبارها كمراحل متسلسلة ، ويزيد تطبيقها وتوظيفها في البرامج المختلفة من نجاح ودقة تلك البرامج ، حيث تبدأ عملية التقييم قبل الشروع بالعمل أو بالبرنامج فعلياً ويسمى وقتها بالتقييم القبلي ، حيث يتضمن رصد احتياجات البرنامج وتقديرها وذلك بغية تحديد الأهداف بوضوح ، ويستمر التقييم عند البدء بالبرنامج حيث يسهم في تعرف درجة تأثير البرنامج في الفئة المستهدفة ، ومع المضي قدماً في البرنامج تبقى عملية التقييم فاعلة لتعرف الحاجة إلى إجراء التعديلات على البرنامج أو إلغائه أو الاستمرار فيه ، وعند نهاية البرنامج تظهر أهمية التقييم في تعرف درجة فاعلية البرنامج بعد تنفيذه ، ولا يقف الأمر عند هذا الحد بل تستمر عملية التقييم للتأكد من فاعلية البرنامج ومدى تأثيره في المجتمع وتحقيقه للأهداف بعيدة المدى التي تم تصميمه من أجلها.

يلعب القادة التربويون دوراً أساسياً في تقييم البرامج التربوية ، ففي الوقت الذي يتم فيه التخطيط للبرنامج ، يتم تعريف البرنامج وصياغة أهدافه المراد إنجازها ، وإقرار خطة عمل لمواجهة هذه الأهداف ، ومن ثم تطوير خطة تقييم لمعرفة فيما إذا تم تحقيق الأهداف ، وتحدد التعليمات حول طبيعة المعلومات المراد جمعها حول البرنامج ، ومن الذي سيقوم بجمع المعلومات وأين وكيف

ومتى ، وهنا يجب توجيه العاملين ليكونوا قادرين على تحسين أوضاع عملية التقييم وتوظيف نتائج التقييمات الخارجية[1].

ويستفيد القائد التربوي والمؤسسة التربوية والعاملون على حد سواء من عملية التقييم – إن تم توظيف مبادئها بشكل صحيح – في إصدار الأحكام الصائبة وصنع واتخاذ القرارات الصحيحة والرشيدة التي تحقق النفع والفائدة للمؤسسة ، حيث تشمل عملية التقييم قياس الأهداف والأداء والنتائج الخاصة ببرنامج ما يقوم بأدائه العاملون في المؤسسة ، إضافة إلى القيام بالتخطيط الشامل لتقييم هذا البرنامج أو ذاك داخل المؤسسة ، وفي التخطيط للتقييم ينبغي على القائد التربوي مراعاة ما يلي:

● درجة وضوح الأهداف والنشاطات والمعايير التي يتضمنها البرنامج.

● طبيعة البيانات والمعلومات التي يتطلبها التقييم.

● الأساليب والوسائل التي يمكن توظيفها للحصول على البيانات ، واختيار الوسيلة الأفضل ضمن الإمكانات المتاحة.

ولا تقع مسؤولية التقييم على القائد التربوي فحسب ، بل يشترك معه في ذلك العديد من الأفراد في المؤسسة ، ويعتمد ذلك على طبيعة البرنامج المراد تقييمه ، فلكل برنامج خصائص ومعطيات وظروف تختلف عن غيره من البرامج ، الأمر الذي يسهم في اختلاف الجهات المستفيدة من عملية التقييم ،

---

(1) هشام مريزيق ، دراسات في الإدارة التربوية ، م.س ، ص63.

وعند اشتراك أطراف متعددة في عملية التقييم يسهم ذلك في تحسين البرامج وذلك بسبب وضوح ودقة عملية التقييم.

مراحل التقييم

يقوم القائد التربوي – وهو المعني بهذا الموضوع وفقاً لنطاق اختصاص هذا الكتاب – بمتابعة خطوات ومراحل التقييم منذ البداية ، وبالاشتراك مع فريق التقييم الذي يقوم بتوظيفه لهذه العملية ، حيث يقوم هذا الفريق بتنفيذ عملية التقييم ضمن المراحل الآتية:

1. صياغة خطة شاملة للتقييم : حيث تتضمن هذه الخطة توضيح الأهداف والأنشطة والمعايير وطبيعة البيانات المراد الحصول عليها ، إضافة إلى مراعاة وتحديد عناصر الوقت والتكلفة والموارد البشرية.

2. تنفيذ عمليات جمع وتصنيف وتحليل البيانات : حيث يسعى القائد المهتم بعملية التقييم إلى الحصول على المعلومات من مصادرها الرئيسة (الأولية) بالدرجة الأولى ومن ثم يعتمد على المصادر الثانوية ، ثم يتم إخضاعها لعمليات التصنيف والتحليل وذلك بغية الاستفادة منها في إصدار الأحكام الصائبة ، وتعتبر هذه المرحلة بمثابة المدخل إلى التقييم الناجح والفاعل.

3. تحديد المعايير التي سيستند التقييم عليها : فلا يمكن لأي مهتم بهذا الموضوع إصدار الأحكام واتخاذ القرارات ضمن عملية التقييم دون الرجوع إلى المعايير المحددة والضامنة لنجاح التقييم ومقارنة البيانات التي تم جمعها وتحليلها بتلك المعايير ، فحينذاك – أي حين تتم المقارنة بالمعايير – يتمكن

القائد التربوي والفريق الـذي يتبعـه مـن إصـدار أحكـام منطقيـة عـلى البرنـامج
المعني.

4. إصدار الحكم على البرنامج : ويعني ذلك تقدير قيمة ذلك البرنامج والتعرف عـلى
درجة صلاحيته من خلال عملية التقييم التي خضع لها ، ومـن ثم اتخـاذ القـرار
بخصوصه.

ويمكن القول إن عملية التقييم تتم ضمن المراحل الآتية:

1- **التصميم** : ويتضمن تحديد محتوى البرنامج وصياغة أهدافه .

2- **البدء بالبرنامج** : ويتضمن وضع مقياس لقيـاس درجـة التغيـير الـذي يمكن أن
يحدثه البرنامج.

3- **التقييم المستمر** : ويتم أثناء التخطيط والتنفيذ في كافة مراحله وخطواته .

4- **التقييم النهائي** : ويحدث في نهايـة البرنـامج ، لتقـدير درجـة النجـاح في تحقيـق
الأهداف.

5- **المتابعة** : ويجري بعد انتهاء البرنامج لمعرفة الآثار طويلة المدى للبرنامج.

ويعتبر تقييم البرامج عمليـة مستمرة باستمرار البرامج ، بـل إنهـا تحـدث
عند الشروع بالبرنامج وخلال عمليـات تنفيـذه وبعـد الانتهـاء منـه ، ويشـكل
التقييم بؤرة أي برنامج لأنـه يتصـل بأدواتـه ومتطلباتـه ، ومـن المعلـوم أن أي
برنامج تربوي يستهل بتقدير الحاجات ومن ثم صياغة الأهداف ، وبعد ذلك
يتم وضع النشاطات التنفيذية ، للحصول على النتائج ، وهـذه الأمـور تتضمن
عمليات تقييم مستمرة ، وبناء على ذلك فإن التقييم اكتسب صفة الاستمرارية

من خلال التقسيم التالي الذي يشير إلى عمليات تقييم متواصلة ، وذلك كما يلي[1]:

1- التقييم التمهيدي : ويتم قبل تنفيذ البرنامج.

2- التقييم البنائي : ويتم أثناء تنفيذ البرنامج.

3- التقييم التشخيصي : ويتضمن معرفة المشكلات وأسبابها.

4- تقييم إعادة التدريب : ويتضمن السعي نحو معالجة المشكلات.

ويمكن توضيح عمليات التقييم المتواصلة من خلال المخطط الآتي:

---

(1) سلامة طناش (2006) التقييم في الإدارة التربوية ، محاضرات جامعية لطلبة الإدارة التربوية ، الجامعة الأردنية ، عمان ، بتصرف.

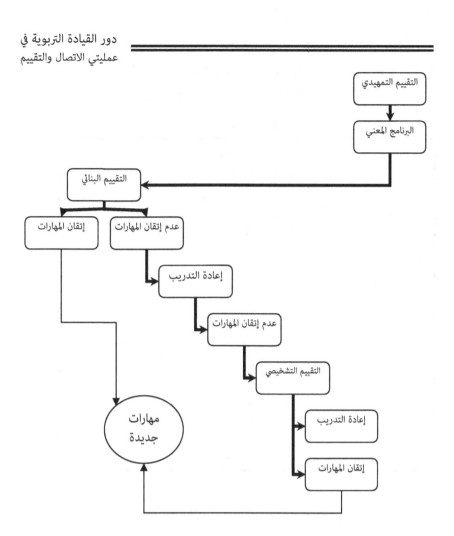

التقييم التمهيدي
البرنامج المعني
التقييم البنائي
إتقان المهارات
عدم إتقان المهارات
إعادة التدريب
عدم إتقان المهارات
التقييم التشخيصي
إعادة التدريب
إتقان المهارات
مهارات جديدة

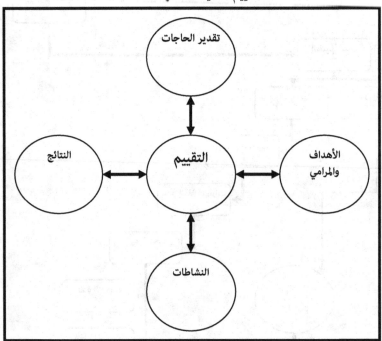

ويوضح الشكل التالي أن عملية التقييم عملية مستمرة باستمرار البرنامج أو النشـاط المعني ، حتى أنها تستمر إلى ما بعد انتهاء البرنامج ، وذلك لتقييم أثره.

التقييم عملية مستمرة [1]

(1)Alexander Law and M. Carolyn Fowle, (1979) Program Evaluator's Guide . Sacramento: California.

وظائف القائد في عملية التقييم

يلجأ القائد التربوي إلى استخدام تقنيات ووسائل عدة لتقييم البرامج التربوية داخل المؤسسة ، ومن هذه التقنيات والوسائل ما يلي:

■ تجهيـز قاعـدة بيانـات متكاملـة وشـاملة لكافـة المجـالات التربويـة والاجتماعيـة والديموغرافية ولكافة المستويات الوظيفية في المؤسسة التي يقودها.

■ تصنيف وتحليل البيانـات التـي يتم الحصول عليهـا باستمرار وبشـكل يضمـن حسـن توظيفها في العملية التقييمية لتحسين جودة العملية التربوية.

■ اتباع آليات وإجراءات تسهل مـن مهمـة الحصـول علـى البيانـات ، ومـن أكثـر الوسـائل نجاعة في هذا الميدان أسلوب الملاحظة المباشرة .

■ إجراء دراسات حالة دقيقة للإحاطة بظروف ومعطيات المؤسسة والعاملين بغية التقييم الدقيق للبرامج التعليمية المعنية.

■ إجراء استطلاعات متنوعة يتم الحصول على معلوماتها من الفئـات المسـتهدفة في عمليـة التقييم .

■ إجراء المقابلات الفردية مع الفئـات المسـتهدفة في عمليـة التقييـم وقـد يتم اللجـوء إلى مقابلات جماعية إذا اقتضت الضرورة ذلك.

■ إجـراء الاختبـارات التـي تقيـس درجـة امتـلاك الفئـات المسـتهدفة في عمليـة التقييـم للمهارات المعرفية والتطبيقية الخاصة بالبرنامج المراد تقييمه.

■ توثيق النشاطات والأحداث الخاصة بعملية التقييم في سجل خاص يتم الرجوع إليه عند تنفيذ عملية التقييم ، وهذا يعطي قدراً أكبر من المرونة لخطط التقييم المعتمدة.

183

- بناء أدوات تقييم تهدف إلى الحصول على أقصى درجات الدقة والجودة للبيانات التي يتم جمعها لغايات التقييم.

- التركيز على الأهداف العامة والخاصة للبرنامج المراد تحقيقه ومراجعتها باستمرار أثناء التقييم ، ومقارنة ذلك بالنشاطات والمعايير المحددة ، ويتضمن ذلك ترتيب الأهداف حسب الأهمية وجمع البيانات على هذا الأساس.

- الحرص على أن تتمتع أدوات التقييم بالصدق والثبات.

- تحليل البيانات التي تم الحصول عليها سواء أكانت كمية أم نوعية بالطرق المتعارف عليها في ذلك ، ويعتبر احتواء التقييم على معلومات كمية ونوعية مصدر قوة لعملية التقييم ؛ وذلك بسبب وجود وسائل توضيحية متنوعة لنتائج التقييم.

تطوير خطة التقييم

تقع على عاتق القائد التربوي مهمة بالغة الحساسية تتمثل في متابعة القيام بوضع خطة محكمة لتقييم البرامج في المؤسسة التربوية ، وكما سبقت الإشارة في هذا الصدد فإن لهذه العملية خطوات محددة للإحاطة بكافة معطيات وظروف البرنامج أو النشاط المعني ، وفي هذا الموضوع يمكن تلخيص خطوات تطوير خطة التقييم كما يلي[1]:

---

(1) سامي خصاونة ، أساسيات في الإدارة المدرسية ، م.س ، ص173. سلامة طناش ، التقييم في الإدارة التربوية ، م.س ، بتصرف.

أولاً : العمل التمهيدي الأولي : ويتضمن

1- تقدير الحاجات : وتتضمن أيضاً تحديداً واضحاً للأهداف العامة والخاصة للبرنامج.

2- مراجعة النصوص المتعلقة بتقدير الحاجات.

3- تحديد نشاطات البرنامج : وهـذا يفيـد في تحقيـق الأهـداف الخاصـة وبالتـالي تحقيـق الأهداف العامة.

4- أسئلة التقييم : وهي أساس عمليـة التقيـيم ، ولابـد أن تكـون الأسـئلة صـحيحة وذلك للحصول على معلومات صحيحة وبالتالي اتخاذ القرارات الصحيحة.

5- اختيـار أدوات القيـاس : ويعتمـد اختيـار أدوات القيـاس عـلى طبيعـة البيانـات المـراد الحصـول عليهـا ، ومـن أبـرز أدوات القيـاس المعمـول بهـا الاختبـارات والاسـتبيانات والمقابلات.

6- تحديد تواريخ التنفيذ.

7- طرق تحليل البيانات : وقد تكون طرق التحليل بسيطة كالنسب المئوية والمتوسـطات ، وقد تكون معقدة كتحليل التباين وتحليل الانحدار ومعامل الارتباط.

8- مراقبة نشاطات البرنامج : وذلك للوصول إلى أقصى درجات الجـودة واتخـاذ الإجـراءات والتدابير المناسبة أثناء تنفيذ البرنامج.

9- مراقبة التنفيذ : وتتضمن الإحاطة بطرق تنفيذ عملية التقييم والإشراف المباشر عليها.

10- تحديد مواعيد تقديم التقارير.

11- تحديد مستلم التقرير.

12- تقرير كيف ستستعمل التقارير.

ثانياً : مراجعة العمل التمهيدي : وتهدف هذه المراجعة لتشخيص العمل التمهيدي واكتشاف الأخطاء التي قد تظهر في هذا العمل.

ثالثاً : تحديد الجدول الزمني الذي سيتم فيه تنفيذ كافة أجزاء عملية التقييم وتحديد الموارد البشرية والمالية اللازمة وكذلك تحديد الوقت المتوقع لإتمامها.

رابعاً : تحديد طرق توفير التمويل اللازم لعملية التقييم.

خامساً : الوقوف على جوانب القوة والضعف عند عملية التقييم.

خصائص (معايير) التقييم الناجح

ينبغي على القائد التربوي بوصفه المسؤول عن نجاح عملية التقييم أن يأخذ بعين الاعتبار ضرورة توافر عدة سمات وخصائص في تلك العملية ، وذلك كضمانة هامة لنجاحها ، ومن أبرز تلك الخصائص ما يلي:

أولاً : الواقعية : ويقصد بالواقعية أنه لابد أن تكون إجراءات التقييم عملية وتنطبق على أرض الواقع ، كما وينبغي أن تمثل البيانات التي تـم الحصول عليها الواقع الذي أخذت منه ، وأن يكون حجم الموارد البشرية والمالية والـزمن الـذي اسـتهلك للحصول على المعلومات متناسباً معها.

ثانياً : الفائدة : ويقصد بذلك درجـة الاسـتفادة التـي قـد تعـود عـلى البرنـامج وعـلى المستفيدين منه من خلال عملية التقييم ، لـذا لابـد أن تهتـم عمليـة التقييم بالمعلومات والإجراءات والفعاليات الهادفة إلى إتمام العمليـة عـلى خـير وجـه ، لتحقيق المصلحة لكافة الأطراف.

ثالثاً : الدقة : لابد للقائد التربوي ولفريق التقييم الذي يعمل معـه أن يتحـروا الدقـة البالغة في عملهم وذلك لضمان الحصول على بيانات ومعلومات قيّمـة ودقيقـة من الناحيتين العلمية والفنية ، وتشمل الدقة التي نرمي إليهـا في هـذا الصـدد عمليات التوثيق وتحليل المحتوى وتوضيح الأهداف العامـة والخاصـة وتحليـل المصادر التي تمت الاستفادة منها ، وتحليل المعلومـات سـواء أكانـت رقميـة أم نوعية ، إضافة إلى توظيف مفهوم النزاهة والحيادية في العمل ككل.

رابعاً : التكلفة المادية : لابـد أن يهـتم القائـد التربـوي بتـوفير التمويـل الـلازم لعملية التقييم ، وتوفير كافة النفقات التي تتطلبها الإجراءات المتعـددة التي تضطلع بها تلك العملية من كافة الجوانب ، وذلـك لضـمان تقـدير الأشياء حق قدرها للوصول إلى فكـرة صـائبة حولهـا ، ولا يعتبر الإنفـاق على عملية التقييم خسارة أو هدراً ، بل إنه على العكس من ذلك تمامـاً ،

ذلك أن المردود من عملية التقييم قد يتجاوز كل الحسابات المالية لأن التقييم الصحيح عملية ذات فائدة عظيمة فقد تحقق نفعاً كبيراً أو تختصر ـ نفقات لا مبرر لها في البرنامج المعني ، وقد تتسبب عملية التقييم بتعديلات تسهم في الوقاية من تبذير أموال طائلة على برنامج غير فاعل.

خامساً : التفاعل الاجتماعي : لابد أن يكون أعضاء فريق التقييم ممتلكين لمهارات التفاعل الاجتماعي الإيجابي السليم وذلك لكي يتمكنوا من الحصول على المعلومات الصحيحة من خلال المقدرة على التأثير في الآخرين وحسن التواصل معهم وتعزيز الثقة المتبادلة معهم.

سادساً : التقارير : ينبغي أن تتمتع تقارير التقييم بالنزاهة ولا تشوبها سمات كالتزوير أو الحذف أو الزيادة أو غيرها من السمات التي تشوه النتائج ، كما ينبغي أن تكون واضحة وسهلة الأفكار واللغة لتتم الاستفادة منها بطريقة سليمة ، إضافة إلى الاهتمام بتوزيع التقارير بشفافية وكما تم الاتفاق على آلية التوزيع.

سابعاً : الاستنتاجات : وقد تتضمن الاستنتاجات إصدار أحكام أو اقتراحات مستندة على الأسلوب العلمي ، ولابد أن تكون هذه الاستنتاجات فاعلة ويمكن الدفاع عنها أمام الجهات المسئولة عن البرنامج المعني ، وهذا يفيد في تعزيز الثقة بين المقيمين والمسئولين عن البرنامج المراد تقييمه.

ثامناً : مصادر المعلومات : تتعدد المصادر التي يعتمد عليها المقيمون فهناك تسجيلات ووثائق وأفلام وأفراد ومؤسسات وغيرها ، لذا لابد من التأكد من أنها مصادر موثوقة ، وملائمة لموضوع التقييم ، وبالإمكان

تحليلها من الناحيتين الكمية والنوعية ، وذلك للتمكن من الحصول على نتائج منطقية وقابلة للتحليل والتفسير.

تاسعاً : الأثر : ويشير إلى الفعاليات الناجمة عن عملية التقييم ، وهو تأثير ناتج عن عملية التقييم في الإجراءات والممارسات التي تحصل عقب تلك العملية من قبل المسئولين أو المنفذين للبرنامج الـذي تـم تقييمـه ، وقـد يتمثل الأثر في تطوير البرنامج أو تعديله أو الاستغناء عنه تماماً.

ممارسات لتحسين التقييم

ينبغي الحرص على اتباع خطوات هامة قبل استخدام معايير التقييم السابق ذكرها ، والتي تعتبر بحق ممارسـات إيجابيـة كفيلـة بزيـادة جـودة المعايير وتعظيم الفائدة المرجوة منها ، ومن تلك الممارسات ما يلي:

1- إدراك معايير التقييم بشكل واضح

لا يمكن تطبيـق معـايير التقييـم دون إدراكهـا والاطـلاع عليهـا بشـكل يمكـن المقيمين من فهمها والتعامل معها بالطريقة السـليمة ، ولا ضير في التـدريب على ممارسة هذه المعايير بشكل تجريبي.

2- تعرف أهداف التقييم بوضوح

فعند وضوح الأهداف يتمكن المقيمـون مـن تطبيـق الفعاليـات والإجراءات بشكل واضح وبالتالي سيتم الحصول علـى نتـائج واضحة ومنطقية ومتناسـقة مـع الأهداف التي تم تحديدها بشكل واضح.

3- إدراك سياق عملية التقييم

لابد للمقيم أن يـدرك طبيعـة الجهـة المسـتفيدة مـن التقييـم والمسـار الـذي ستسـلكه النتـائج والفـترة الزمنيـة التـي ينبغـي أن تكـون عمليـة التقييم فيهـا قـد

انتهت ، وكذلك حجم التمويل الذي ستتطلبة هـذه العمليـة ، إضافة إلى طبيعـة البرنـامج المراد تقييمه وحجم الموارد البشرية المشاركة في التقييم ، كـما ينبغـي أن يكـون عـلى وعـي بالمشكلات والتحديات التي قد تواجهه أثناء قيامه بعمله ، فإن أدرك كل ذلك فإنـه سيتخذ الإجراءات المناسبة لتحسين العمل وبالتالي سيكون أكثر مقـدرة وثقـة أثنـاء تنفيـذ عمليـة التقييم.

4- التنفيذ

بعد وصول فريق التقييم إلى درجة عاليـة مـن وضـوح التوجهـات والأفكـار الراميـة لفهم العملية والتدرب عليها ، سيتمكن الأفراد المنفذون من القيام بأعمالهم بكفاءة واقتدار ، وستكون النتائج موضوعية وهامة بشـكل يفـوق كثيراً تلـك النتـائج المسـتندة عـلى سـوء الإدراك والتنفيذ.

ملخص الفصل

الاتصال عملية يقوم بموجبها المرسل بإرسال رسالة بقصد تعديل أو تغيير سلوك المستقبل ، وهو من أبرز العمليات الدائرة في المؤسسات التربوية ، حيث يتيح الفرصة للقيام بالعمل بكفاءة وفاعلية ، ويصنف الاتصال من زوايا عدة ومن أبرز التصنيفات لهذه العملية تقسيمها إلى اتصالات رسمية وأخرى غير رسمية ، ويسعى القائد التربوي من خلال تنمية وسائط الاتصال لتحقيق الأهداف العامة والخاصة في المؤسسة التي يقودها إلى جانب اهتمامه بأدواره الأخرى.

أما التقييم فهو عملية تحديد أو تقرير قيمة برنامج أو نشاط ما ، بغية إصدار الأحكام واتخاذ القرارات تجاه البرنامج أو النشاط ، ويصنف التقييم تبعاً لعدة اعتبارات ، فقد يصنف من حيث المقيمين ، ومن حيث طبيعة البيانات ، والامتداد الجغرافي ، والفلسفة والحجم وغير ذلك كثير وفقاً لموضوع التقييم ، ولا تقع مسؤولية التقييم على القائد التربوي فحسب ، بل يشترك معه في ذلك العديد من الأفراد في المؤسسة ، ويعتبر تقييم البرامج عملية مستمرة باستمرار البرامج ، وللتقييم الناجح معايير عدة من أهمها : الواقعية والفائدة والدقة ، وينبغي الحرص على مراعاة هذه المعايير وأخذها بعين الاعتبار.

الفصل الخامس

القيادة التربوية في الإسلام

ويتضمن:

- تمهيد
- وظائف القيادة التربوية في الإسلام
- مسؤوليات القيادة التربوية في الإسلام
- صفات (سمات) القائد التربوي المسلم
- أسس نجاح القيادة التربوية الإسلامية
- ملخص الفصل

194

الفصل الخامس

القيادة التربوية في الإسلام

تمهيد

يتضمن الدين الإسلامي الحنيف مبادئ ومقومات قيادية فاعلة تمكن من يأخذ بها ويتمثلها من قيادة أي نظام أو مؤسسة في أي مجال من المجالات ومنها المجال التربوي ، فالإسلام يدعو المسلم إلى أن يكون صاحب مبدأ ولا ينساق وراء التوافه وسواقط الأمور وألا يكون مقلداً للآخرين ، بل على العكس تماماً حيث ينبغي أن يجعل من نفسه قدوة للآخرين.

وتكتسي القيادة التربوية في الإسلام بطابع فريد حيث تعتبر وسيلة خدمية للآخرين في الميدان التربوي ، ويعتبر سيدنا عمر بن الخطاب رضي الله عنه أول من جسدها بهذا الوصف ، حيث أكد للمسلمين عند توليه الخلافة عقب وفاة سيدنا أبي بكر الصديق رضي الله عنه ، بأنه لم يتولّ أمرهم ليترأسهم ويستعبدهم بل لخدمتهم وتعليمهم وتوجيههم، وتتضمن القيادة التربوية في الإسلام توجيه العاملين نحو المفيد والصالح ، إضافة إلى أنها تعمل الأفضل لإعداد وتنمية العاملين إلى جانب النشاطات المتعلقة بالتخطيط وتنظيم العمليات في المؤسسة وتوجيه الأفراد للأفضل في الحاضر والمستقبل ، وتطوير وتحسين عمل الأفراد والقادة والمشرفين لتحقيق الأهداف العامة للمؤسسة[1].

---

(1)Ali Mahmood Saleh (2002) Educational Administration

إن القيادة التربوية في الإسلام معنية بإيصال المجتمع المعني إلى حياة كريمة من خلال استثمار الموارد المادية والبشرية لتحقيق أهداف المؤسسة التربوية ضمن إطار تعاوني بين القائد التربوي والعاملين معه.

هذا وتهدف القيادة التربوية في الإسلام لتحقيق ما يلي [1]:

1- تقييم البرامج التعليمية وتطويرها ضمن معايير معينة.

2- رسم السياسات والتخطيط الإستراتيجي طويل المدى للتطوير والتحديث .

3- توفير بيئة تربوية وتعليمية صحية وناجحة بحيث يشعر الكادر التعليمي والإداري بالانتماء والاندفاع للعمل لتحقيق الأهداف.

4- إشراك كافة عناصر وأطراف العملية التربوية في عملية صنع القرار بخصوص الأمور التي تهمهم وتؤثر عليهم.

5- تنمية الثقة بين المؤسسة التربوية والمهتمين بها من عاملين ومتعلمين وأولياء أمور وغيرهم.

6- المساهمة في تطوير أسس تعيين واختيار المعلمين استناداً إلى مؤهلاتهم العلمية والمسلكية وخبراتهم وإخلاصهم.

وظائف القيادة التربوية في الإسلام

تتعدد الوظائف التي تضطلع بها القيادة التربوية في الإسلام وتتشابك فيما بينها ، حيث لا يمكن القيام بأحدها أو ببعضها وإغفال الأخرى والادعاء بأن هناك قيادة تربوية سليمة ، فوظائف القيادة التربوية الإسلامية متكاملة فيما بينها، ويمكن تقسيم وظائف القيادة التربوية في الإسلام كما يلي:

_____

(1) هشام مريزيق ، دراسات في الإدارة التربوية ، م.س، ص132.

1- التخطيط
2- التنظيم
3- التوجيه
4- الإشراف
5- التقييم

وفيما يلي توضيح لهذه الوظائف:

1- التخطيط

يعتبر التخطيط الوظيفة الأولى لرجل القيادة التربوية ، فالقائد التربـوي الفاعـل هـو في الأساس مخطـط نـاجح ، ويمكـن الـزعم بـأن فاعليتـه القياديـة ناجمـة عـن تخطيطـه السـليم والموضوعي والواقعي ، وهكذا فإن القائد التربوي المسلم يسـعى منـذ شروعـه في العمـل عـلى صياغة الخطط المحكمة والرامية لتحقيـق الأهـداف المرسـومة بأفضـل وأدق طريقـة ممكنـة ، والتخطيط أساساً يعني التنبؤ بالمستقبل بأسلوب علمي صحيح للوصول إلى وضع مرغوب فيه.

ويشير التخطيط إلى التنبؤ بالمستقبل والاستعداد له[1] ، ويتضمن التخطيط الوقوف على كافة جوانب العمل التربوي ووصفها وتحليلها وصياغة بنود العمل ومراعاة عناصر الوقت والتكلفة والموارد البشرية اللازمة للتنفيذ على أكمل وجه ، والتخطيط يعطي للقائمين على العمل صورة دقيقة عن كافة الخيارات المطروحة لإنجاز المهام وتحقيق الأهداف على خير وجه ، ويحرص القائد التربوي المسلم على وضع خطط شاملة قصيرة ومتوسطة وبعيدة المدى

(1) إبراهيم مطاوع (1980) الأصول الإدارية للتربية ، ط1 ، دار المعارف ، القاهرة ، ص137.

للعمل التربوي في المؤسسة التي يقودها في سعي منه نحو الشروع بالعمل ضمن قاعدة واضحة ومحددة تأخذ بعين الاعتبار كافة المعطيات والاحتمالات والإمكانات المتاحة.

والتخطيط محاولة علمية واعية ومنتظمة تقوم على مجموعة من الإجراءات والبدائل والأسس والمؤشرات التي ينبغي إتباعها لتحقيق أفضل النتائج انطلاقاً من دراسة واقع الظروف الاقتصادية والاجتماعية والسياسية في المجتمع ، والاستفادة من الإمكانات المتاحة والتي يمكن أن تتاح في فترة زمنية معينة [1] .

2- التنظيم

بعد قيام القائد التربوي بالتخطيط الواضح للعمل يسعى لترجمة ما قام بالتخطيط له على أرض الواقع ، وبداية لابد له من توزيع الأعمال والأنشطة على العاملين كل ضمن تخصصه ومستواه الوظيفي ، ويتضمن ذلك ترتيب طرق وآليات وإجراءات العمل ضمن إطار زمني ومكاني محدد بغية إنجاز المهام بالطريقة الفضلى والابتعاد عن العشوائية والارتجالية في تنفيذ المهام والمسؤوليات ، ويعتبر التنظيم الذي يعني الترتيب والتنسيق مؤشراً واضحاً على وعي القائد وفهمه لطرق العمل الصحيحة وإشراكه للعاملين معه في تنظيم العمل التربوي وتنسيق الجهود المبذولة للقيام بتنفيذ الأعمال بكفاءة واقتدار.

ويقع ضمن مهام القائد القيام بتنظيم وحدته الإدارية سواء من الناحية الهيكلية أو البشرية وفقاً للأسس العلمية والتي تكفل إنجاز الأعمال بالطريقة

---

(1) محمود شوق (1995) تربية المعلم للقرن الحادي والعشرين ، مكتبة العبيكان ، الرياض ، ص 235

الأمثل، وهذا ما يفرض عليه أن يراعي الخبرة والتخصص والقدرة والفاعلية في الأفراد ، وهذا يضمن للأفراد طموحاتهم واحترام آرائهم ، فهذا الأسلوب يؤدي دوراً في دفع العاملين للمشاركة في العمل بحماس وقناعة، وضمن التزامهم في تحقيق الأهداف[1].

3- التوجيه

يهدف التوجيه بوجه عام لتحسين العمل وإنجاز المهمات وزيادة الإنتاجية، ويهدف إلى تجنب الوقوع في الأخطاء والهفوات أو معالجتها في حال حدوثها ، ويتضمن التوجيه قيام القائد أو من هو في حكمه بحث العاملين للقيام بالعمل بالطرق المناسبة له وتحديد تلك الطرق والأساليب وإرشاد العاملين لاختيار المناسب منها لتحقيق الأهداف المرجوة من العمل ، ومن هنا ينطلق القائد التربوي المسلم في توجيه العاملين معه نحو القيام بالعمل بالأساليب المناسبة التي تحقق إنجاز المهام بأفضل الطرق ، وللتوجيه مظاهر متنوعة منها الحديث الشفوي (التوجيه اللفظي) ما بين القائد والعاملين ، والكتب الرسمية التي يوجهها القائد إلى الأقسام المختلفة في المؤسسة (التوجيه الكتابي) ، وغير ذلك من وسائل إيصال المعلومات الرامية لتحسين العمل في المؤسسة والتي تتضمن إرشادات وتوجيهات خاصة بالعمل هدفها تحسين نوعية العمل.

---

(1) هشام مريزيق (2008) النظرية والتطبيق في الإشراف التربوي ، ط1 ، دار الراية للنشر والتوزيع ، عمان ، ص244.

فعلى القائد أن يطلع على أعمال الأقسام واللجان المختلفة في المدرسة ، وتوجيه العاملين والإشراف عليهم وعقد اللقاءات المستمرة معهم ، وتشجيع المتميزين منهم ، ويعتبر التوجيه من أهم وظائف القيادة وهو ذلك النشاط الذي يلازم ويعايش التنفيذ من جانب العاملين الذين يقومون بأداء مسؤولياتهم وصلاحياتهم طبقاً للتوجيهات المباشرة وغير المباشرة من القائد وطبقاً للأهداف والخطط المحددة [1]

4- الإشراف

يعتبر الإشراف وظيفة هامة وحيوية في عمل القائد التربوي المسلم ، فلا يكفي القيام بالتخطيط والتنظيم والتوجيه ومن ثم ترك الأمور دون متابعة أو مراقبة سواء أكانت بشكل مباشر أم غير مباشر ، وقد ينجح القائد في القيام بالوظائف الثلاث السابقة ويهمل وظيفة الإشراف والمتابعة فيفشل العمل ولا يحقق الأهداف المرجوة منه ، فالإشراف يسهم في تعريف القائد وبشكل مباشر درجة مقدرة العاملين على القيام بوظائفهم ومدى حاجتهم للمساعدة.

ويشمل الإشراف ما يلي [2]:

1- متابعة خطة العمل.

2- متابعة الأنشطة والفعاليات.

3- متابعة الخدمات داخل المؤسسة.

---

(1) المرجع السابق ، ص246.
(2) المرجع السابق ، ص246.

4- الإشراف على الشؤون المالية والإدارية.

5- متابعة العاملين وتسجيل كافة الملاحظات في سجلات خاصة.

5- التقييم

تعتبر هذه الوظيفة عملية مستمرة وتمتد منذ بداية حتى نهاية العمل الـذي يقـوم به القائد، ويتضمن تقرير قيمة العمل ودرجـة تحقيقـه للأهـداف المرجـوة منـه، ويتضـمن التقييم تقديم تغذية راجعة حول الأعمال التي يقوم بها كـل مـن القائد والعـاملين معـه ، ويتضمن كذلك الوقوف على جوانب القوة في العمل لتنميتها وعـلى جوانـب الضعف فيـه لمعالجتها ، ويحرص القائد التربوي المسلم على الاستفادة من عملية التقييم كوظيفة هامـة من وظائفه للقيام بتحديد المشكلات التي تعترض العمل التربوي وبحثها وتفسيرها وتحليلها بغية إصدار الأحكام على البرامج والمشروعات قيد التنفيذ والاستفادة مـن هـذه العمليـة في المواقف المستقبلية.

مسؤوليات القيادة التربوية في الإسلام

تنبثق أسس ومبادئ القيادة التربوية الإسلامية من مقومات ومبادئ التربية الإسلامية القائمة على تعاليم الدين الإسلامي الحنيف والصالح لكل زمان ومكان ، وبناء على ذلك فإن هذه القيادة قد اكتست بالشرعية والأهلية لتقبلها وتوظيف مبادئها في سائر النظم في المجتمع الإسلامي ، وهي تكتسب شرعيتها هذه من شرعية وعظمة الإسلام الذي جاء به سيد الخلق محمد صلى الـله عليه وسلم، وعليه فإن القيادة التربوية في الإسلام تضطلع – بهدي من شرعيتها – بالمسؤوليات الآتية:

أولاً : احترام آراء الآخرين

ثانياً : الحوار البناء وتعزيز مبدأ الشورى

ثالثاً : المساهمة في تطوير المجتمع الإسلامي وتنميته

رابعاً : الاهتمام بتقييم العمل التربوي باستمرار

خامساً : المساهمة في تحقيق العبودية لله تعالى وحده

سادساً : تشجيع العاملين على تحقيق الأهداف المهنية

سابعاً : تشجيع عمليات التعلم والبحث المستمر لدى العاملين

ثامناً : امتلاك المهارات التي تساهم في تحسين العمل وزيادة الإنتاجية

وفيما يلي تفصيل لذلك :

أولاً : احترام آراء الآخرين

يعتبر الانفتاح الإيجابي من أبرز مقومات النجاح في الأعمال كلها ، ويتضمن الانفتاح الإصغاء إلى آراء الآخرين وتقبل مقترحاتهم ووجهات نظرهم واحترامها ومناقشتهم فيها بغية الوصول إلى حلول وسط في حال التضارب في الرأي ، فقد يكون لدى أحد العاملين في المؤسسة التربوية رأياً أو وجهة نظر أكثر قدرة على حل مشكلة تعترض المؤسسة ، وقد لا يظهر هذا الرأي إلا إذا أتيحت الفرصة له لإبداء وجهة نظره بحرية أمام الآخرين في جو ملؤه الاحترام والثقة المتبادلة بين القائد والعاملين.

فمن حق الإنسان أن يطرح ما يشاء من الآراء والأفكار ، ومن واجب القيادة التربوية المسلمة تدريب الطلاب على الصراحة و طرح الأسئلة السابرة

وتشجيعهم على التفكير التأملي في شؤون حياتهم الدنيوية والأخروية ، ومن واجبها أيضاً ترسيخ مفهوم حرية الفعل وحرية ممارسة الحقوق وحرية النقد ، والحرية تعني إطلاق ملكات الطالب والموظف وتحريره من كل صور الاستغلال والتحكم ، وهي حق أصيل لكل إنسان[1].

ثانياً : الحوار البناء وتعزيز مبدأ الشورى

يسعى القائد التربوي الناجح إلى الوصول للقرار الرشيد ، فهو لا يكتفي باتخاذ أي قرار والمضي في تنفيذه وإبلاغه للعاملين ، بل إنه يسعى لاختيار القرار الأكثر ملاءمة للمؤسسة وللمجتمع ، فيلجأ بناء على ذلك إلى استقطاب آراء العاملين وفتح أبواب المناقشة والحوار معهم وإشراكهم في عمليات صنع واتخاذ القرارات ويشاورهم فيما يعزم على فعله ، وهو بهذه الطريقة يدفعهم للتفكير التأملي وإبداء آرائهم ووجهات نظرهم ، وحينذاك يتمكن من محاورتهم واستقبال آرائهم ومناقشتهم فيها ، وقد يأخذ برأي أحدهم ويتخذ القرار المناسب بناء عليه في جو تسوده الثقة المتبادلة والاحترام وتغليب المصلحة العامة ضمن أسس الشورى الصحيحة.

وتقع على القائد التربوي المسلم ضمن هذه المسؤولية مهام كثيرة تشير لسعيه نحو تعريف العاملين معه بأهمية عدم التفرد بالقرار وأن يجعل من نفسه قدوة لهم ، فمن خلال قيامه بمحاورتهم ومشاورتهم في أمور المؤسسة يشجعهم على تمثل هذا السلوك لتحقيق مصالح المؤسسة وأهدافها ، إضافة إلى ما تضفيه عمليات الحوار الهادفة من روح معنوية عالية وسعي دؤوب نحو تحقيق

(1) زهاء الدين عبيدات ، القيادة والإدارة التربوية في الإسلام ، م.س ، ص74 - 76.

الأهداف بهمة عالية ورغبة أكيدة في الإبداع واستحداث الطرق والأساليب التربوية الحديثة في العملية التربوية.

ثالثاً : المساهمة في تطوير المجتمع الإسلامي وتنميته

يتم ذلك من خلال النهوض بالنظام التربوي القائم والسير به نحو تمثل النهج الإسلامي القويم ، ولا يتم ذلك إلا من خلال وجود قائد تربوي قادر على تحمل المسؤولية الملقاة على كاهل المؤسسة التربوية فيسعى من خلال ذلك لتحقيق الأهداف التربوية الرامية لتنمية المجتمع وتغييره نحو الأفضل لما فيه خير الدنيا وسعادة الآخرة ، فالقائد التربوي المسلم لا يتطلع إلى غايات قريبة زائلة بل إنه يضع في طليعة اهتماماته تشجيع المحيطين به على تنمية أنفسهم شخصياً ومهنياً بما يتلاءم ومبادئ المجتمع الإسلامي القائم على تعاليم الدين الحنيف.

ومن واجب القيادة التربوية في الإسلام العمل على تنمية المجتمع من جميع النواحي الاقتصادية والاجتماعية والإدارية بهدف تغيير المجتمع نحو الأفضل ، ومن واجب هذه القيادة ترسيخ هذا المفهوم في أذهان الطلاب والعاملين معها ؛ لأن التنمية في كافة مناحي الحياة الاقتصادية والاجتماعية وغيرها أصبحت أمل كل الشعوب[1] ، ويرى القائد التربوي المسلم نفسه ضمن هذه المسؤولية مطالباً بجعل المؤسسة التربوية ذات طابع إسلامي على اعتبار أن المبادئ الإسلامية التي جاءت من لدن لطيف خبير صالحة لكل زمان ومكان ، وأياً كان النظام المعني فإن التوجهات الإسلامية قادرة على الدخول ضمن نطاقه وإكسابه صورة مشرقة من إشراق الهدي الإسلامي العظيم ، وليست تلك دعوة

---

(1) زهاء الدين عبيدات ، القيادة والإدارة التربوية في الإسلام ، م.س ، ص82.

للرجعية أو التخلف كما يعتقد بعض أصحاب الفكر الضحل مـن أن الإسـلام يعـود بالنـاس إلى عصور غابرة ، بل إن اللـه عز وجل أعلم بعباده وبما تسرّه أنفسهم حتى قيام الساعة ، فكانت تعاليم الدين الإسلامي كفيلة بتنظيم أمور المجتمعات وتغييرها نحو الأفضل ونقلها من غياهب الظلمات إلى آفاق النور والانطلاق.

وعليه ينبغي على القائد التربـوي تشـجيع المعنيـين بالمؤسسـة التربويـة مـن عـاملين وطلبة ومهتمين على تنمية المجتمع بكافة مجالاته وميادينه وأن يحفزهم علـى أن يجعلـوا من أنفسهم أناساً صالحين لتأدية رسالة شاملة ومتكاملة تفيد الإنسانية جمعاء ولمواجهـة كافة التحديات التي قد تواجههم في مسيرة حياتهم من الناحيتين الشخصية والمهنية.

رابعاً : الاهتمام بتقييم العمل التربوي باستمرار

تقع على عاتق القائد التربوي مسؤوليات وأعمال متعددة ، وهو يتابع كافة أعمـال ونشاطات المؤسسة التي يقودها ، لـذا ينبغي عليـه الوقـوف علـى درجـة تحقيق أو عـدم تحقيق الأعمال المختلفة بنجاح ، وهذا يشير إلى مفهوم التقييم الذي يتضمن معرفة جوانب القوة والضعف في نشاط أو برنامج تقـوم المؤسسـة بتنفيـذه ، ولا يخـتص التقييم بمرحلـة معينة بل إنه يشمل كافة أوجه العمل من البداية وحتى النهاية ، ويدعى حينها بأنه تقيـيم مستمر.

وكلمة التقييم مشتقة من القيمة [1] ، وتشير إلى تقـدير قيمـة الشيـء بشـكل عام أما في الميدان التربوي فيشير لتثمين برنامج أو نشاط ما نظراً لتثمـين الأهـداف العامـة لهـذا البرنـامج أو النشـاط [2] ، ويتضـمن التقيـيم قيـام القائـد التربـوي

---

(1) سليمان عبيدات (1988) القياس والتقويم ، جمعية عمال المطابع التعاونية ، عمان ، ص63.

(2) أحمد عودة (1985) القياس والتقويم في العملية التدريسية ، دار الأمل ، إربد ، ص31.

بالتعاون مع العاملين معه بمراجعة وتحليل كافة عناصر وأنشطة وبرامج العملية التربوية القائمة في المؤسسة ، ويتناول التقييم مدخلات وعمليات ومخرجات المؤسسة التربوية ، كما يتناول الوظائف التي يقوم بها القائد التربوي كالتخطيط والتوجيه والمتابعة وعمليات التطوير والتنمية التي يسعى لإحداثها داخل المؤسسة ، كما يهتم باختيار وتحديد النمط القيادي الفاعل لتوجيه سلوكيات العاملين وتعرف درجة نجاعة وكفاءة القائد في تحقيق الأهداف المرجوة ، إضافة إلى إصدار الأحكام على طرق وأساليب التنفيذ وأسس اتخاذ القرارات الخاصة بالعاملين وبالمؤسسة[1].

خامساً : المساهمة في تحقيق العبودية لله تعالى وحده

إن مساهمة القائد التربوي في تحقيق العبودية تنجم من خلال امتثال القائد التربوي لمعاني العبودية لله تعالى ، فهو لا يخشى إلا الله تعالى ، وبالتالي فإن ذلك يحرره من كافة القيود التي قد تواجهه في حياته الشخصية والمهنية ، وهو بذلك يتمكن من الانطلاق للتأثير في الآخرين وتوجيههم نحو تمثل هذه الغاية السامية في كافة شؤون حياتهم فيستشعرون عظمة الخالق وقدرته ويخضعون له راغبين غير راهبين ، وبالتالي فإنهم لن يدخروا وسعاً في بذل الجهود العظيمة للقيام بأعمالهم ابتغاء مرضاة الله تعالى وذلك تحقيقاً للغاية من وجودهم على هذه الأرض المتمثلة في تحقيق العبودية لله تعالى وحده لا شريك له.

ومن واجب القيادة التربوية المسلمة ترسيخ مفهوم أن الهداية هي من الله عز وجل ، فالمعرفة والاستقامة كلتاهما ثمرة لهداية الله ورعايته ورحمته ، والهداية

(1) زهاء الدين عبيدات ، القيادة والإدارة التربوية في الإسلام ، م.س ، ص12 ، بتصرف.

إلى الطريق المستقيم هي ضمان السعادة في الدنيا والآخرة ، ومن واجبها أيضاً إفهام الناشئة والعاملين أن اللـه واحد أحد خالق بارئ مصور رازق رحمان رحيم لا شبيه لـه ولا مثيـل ، بيـده المنفعة ، وأن الضر لا يدفعه إلا اللـه ؛ لأن الأمور كلها بيده وله القدرة المطلقة في عـالم الأسـباب ، وعنـده الحكمـة والخير في المنع والعطاء، وعـلى الإنسـان المسـلم أن يتوجـه إلى اللـه تعـالى بالعبـادة والطاعـة[1] ، ولا يخفى ما للقائد التربوي المسلم من أثر فاعل في تأكيد هذه النزعة لـدى العـاملين معـه ، وعليـه تقـع المسؤولية الشرعية والأدبية في تنمية معارف وتوجهات ومهارات العاملين لتحقيق تلك الغاية الجليلة ، يقول الحق تبارك وتعالى : ﴿ يَا أَيُّهَا النَّاسُ اعْبُدُوا رَبَّكُمُ الَّذِي خَلَقَكُمْ وَالَّذِينَ مِنْ قَبْلِكُمْ لَعَلَّكُمْ تَتَّقُونَ (21) ﴾ [2].

سادساً : تشجيع العاملين على تحقيق الأهداف المهنية

ويتم ذلك من خلال حث العاملين على العمل الجاد والمخلص ابتغاء مرضاة اللـه تعـالى بالدرجة الأولى ، فيسعى العاملون بتوجيه من قائدهم لتنظيم العمل وبذل المجهود اللازم لتنفيذه بكفاءة واقتدار ، ولا يخفى ما للقائد التربوي من دور في تعزيز نظرة التفاؤل والاهتمام بالعمل لدى المحيطين به ، وذلك من خلال قيامه بالعمل المفيد والناجح أولاً ، فحين يرى العاملون قائدهم ممارس للأعمال التي يدعوهم للقيام بها ستتعزز النظرة لديهم نحو فائدة

---

(1) زهاء الدين عبيدات (2001) القيادة والإدارة التربوية في الإسلام ، ط1 ، دار البيارق ، عمان ، ص55 ، ص57.
(2) سورة البقرة ، الآية (21).

ذلـك العمـل ، وسيدركـون مـا لـه مـن أهميـة في تطويـر أنفسهم وخدمـة مؤسستهم ومجتمعهم الإسلامي.

سابعاً : تشجيع عمليات التعلم والبحث المستمر لدى العاملين

فالقائد التربوي الفاعل لا يكتفي بما هو موجود بل يسعى للتجديد والتطويـر ، لـذا فإنه يدعو نفسه والعاملين معه إلى مواكبة كـل جديـد في المعـارف والعلـوم التـي تخدم العملية التربوية ، ففي كل يوم يخرج إلينا العلم بشيء جديد ومفيد في كافة المجالات والميادين ، لذا لابد وأن يأخذ العاملون بالمستجدات ويحاولوا توظيفها في أعمالهم ، ومـن خلال الاطلاع المستمر على الجديد في العلوم والمعارف تـزداد الخبرة المعرفية والنظريـة لدى العاملين ، كما يتعرفون على مهارات جديـدة ومستحدثة في ميدان عملهـم ، الأمـر الذي يسهم في إضفاء صبغة التجديد على العمل التربوي بعيدة عـن الأسباب التقليديـة والنمطية في التعامل مع عناصر المؤسسة التربوية.

إن طلب العلم والمعرفة أمر واجب عـلى كـل مسـلم ، لـذا فـإن القائد التربوي المسلم يحث العاملين معه على التعلم والتدريب المستمران لتحسـين مستويات أدائهـم وتنفيذ المهمات الموكولة إليهم بثقة وكفاءة ، وهذا الأمر كفيل بزيادة الخبرة العمليـة وتنمية المهارات اللازمة لإنجاح العمل والسير بالمؤسسة التربوية نحو التميز والإبداع.

ثامناً : امتلاك المهارات التي تساهم في تحسين العمل وزيادة الإنتاجية

النظام الإسلامي بوجه عام يحض المسلمين ومن بينهم القادة التربويين على إتقـان العمـل وإتمامـه ابتغاء مرضـاة اللـه في المقـام الأول ، وهـذا يتطلـب

اكتساب المعارف النظرية والمهارات العملية التي من شأنها أن تساعد القائد التربوي والعاملين معه على القيام بأعمالهم على خير وجه ، الأمر الذي يعزز فرص تحقيق الأهداف المرجوة بسرعة ودقة فائقتين ، وفي هذا يقول الحق تبارك وتعالى : ﴿ الَّذِي خَلَقَ الْمَوْتَ وَالْحَيَاةَ لِيَبْلُوَكُمْ أَيُّكُمْ أَحْسَنُ عَمَلًا وَهُوَ الْعَزِيزُ الْغَفُورُ (2) ﴾ [1] ، فالعمل وإتقانه مصدر القيمة الإنسانية ، وإن الإنسان بعمله هو الذي يضفي على موضوع العمل قيمته بما يجري بشأنه من عمليات[2].

والإسلام يوجب على القائد والعاملين الإخلاص والإتقان في أعمالهم ، كما يوجب الخشية والمراقبة الدائمة واستشعار رقابة الله في كل وقت ، فالقائد التربوي والعاملون معه هم تربويون في المقام الأول ويحملون أمانة عظيمة يبتغون من خلال تأديتها نيل رضا الله ، وبذلك فإن اكتساب المهارات الضرورية لتأدية تلك الأمانة بفاعلية يعتبر ضمانة أكيدة لإتقان العمل والحصول على النتائج المبتغاة.

ويرى البعض أن للقيادة التربوية في الإسلام المسؤوليات والمهام الإجرائية الآتية[3]:

1- نبذ الخلافات والتحيزات المذهبية والطائفية.

2- رعاية الأفراد على كافة الأصعدة ضمن الإمكانات المتاحة.

---

(1) سورة الملك ، الآية (2).
(2) زهاء الدين عبيدات ، القيادة والإدارة التربوية في الإسلام ، م.س ، ص115.
(3) هشام مريزيق ، دراسات في الإدارة التربوية ، م.س ، ص132 - ص133.

3- العمل على توحيد الاتجاهات والمشاعر استناداً على وحدة الدين واللغة.

4- تربية الأفراد على تعاليم الإيمان وأركانه الأساسية في ميادين الحياة كافة.

5- تعزيز قيم التعاون والتراحم والمودة بين الأفراد من خلال المؤسسات التربوية.

صفات (سمات) القائد التربوي المسلم

إن صفات القائد التربوي المسلم هي ذاتها صفات القائد التربوي في النظم التربوية غير الإسلامية ، لكن القائد التربوي المسلم يتميز عن غيره في انطلاقه من مبادئ الدين الإسلامي الذي يضفي عليه شرعية تبقيه في منزلة متقدمة عن القادة التربويين غير المسلمين ، ومن أبرز صفات القائد التربوي المسلم التي تميزه عن غيره ما يلي:

1- الإسلام

2- الأمانة

3- الصبر

4- التواضع

5- الاهتمام باتخاذ القرار الرشيد

6- المعرفة النظرية والخبرة الميدانية

وفيما يلي تفصيل لهذه الصفات:

1- الإسلام

ينبغي أن يكون القائد المسلم التربوي من أبناء المجتمع وينطوي تحت لواء رايـة الإسلام ، فصفة الإسلام لا تميز القائد التربوي عن غيره من أبناء المجتمع فحسب ، بل إنها تميزه عن غيره من القادة التربويين ، فالقادة في النظم التربوية غير الإسلامية يفتقدون لهذه الصفة العظيمة إن لم يكونوا من أهل الإسـلام ، وهـي صفة تشكل الـركن الأسـاس والمفصلي بل إنها أترجة صفات القائد التربوي المسلم ، فلو لم يكن القائد التربوي مسـلماً فإنه لن يستشرف الممارسات ذات الصبغة الإسلامية الراقية ؛ لأنه غير مطلع على تعـاليم الدين الحنيف ، وستكون ممارساته نابعة من توجيهات النظريات التربوية الوضعية.

2- الأمانة

تعتبر الأمانة من أبرز صفات المسلم وهـي الطريق الآمـن للوصول إلى المجتمـع الإسلامي المفعم بالخير والطمأنينة ، فالأمانة مؤشر على الصدق والقناعة والإيثـار وغيرهـا من السمات المهذبة للشخصية الإسلامية السوية ، والتي تجعلها أكثر مقدرة على التعامـل ضمن إطار ومرجعيات المجتمع المسلم ، والقائد التربوي المسـلم يسـتلهم مـن موضـوع الأمانة دروساً ومواعظ جمة تمكنـه مـن استحضار الصفات المرغوب فيها وتطبيقها في عمله ، وهذا من شأنه أن يجعل منه قدوة للآخرين ونموذجاً يحتذى به في المحافل كلها.

3- الصبر

ينبغي للقائد التربوي المسلم التحلي بالصبر والحكمة في ظل ما يواجهه من أحداث وقضايا طارئة ومستجدة ، فمن المعلوم أن النظام التربوي مليء بالمستجدات والمواقف المتباينة ، فهي ليست بوتيرة واحدة ، وهذا يقتضي من

القائد التربوي المسلم احتمال كل جديد والحذر عند التعامل مع ظروف الموقف المعني ، وعدم الارتباك عند التعرض لأية مشكلة ، فاحتمال الضغوط الناجمة عن المشكلات من شأنه أن يعزز التوجه للتفكير الصحيح واتباع الأسلوب العلمي لحل المشكلات دون تخبط أو عشوائية.

4- التواضع

يؤكد الدين الإسلامي الحنيف على إكساب صفة التواضع للمسلمين كافة و لكل من يعلو شأنه داخل المجتمع المسلم على وجه الخصوص ، حتى يتم تقبل المسؤولين والزعماء وأهل الرأي في المجتمع لابد من توفر جملة من السمات والخصائص لديهم ومن أبرزها سمة التواضع ، فتواضع الإنسان يمكنه من الانخراط في التفاعل الإيجابي مع الآخرين بصرف النظر عن خلفياتهم الاقتصادية والاجتماعية والثقافية ، بل إنه يحاول مد جسور الحوار معهم ، والقائد التربوي المسلم ليس بمنأى عن ذلك حيث يعتبر في مركز متقدم بحكم عمله ، لذا ينبغي عليه التعامل مع الأفراد من منظور الرحمة والتقبل ، وبمعنى آخر لابد له من التفاعل مع الآخرين من حيث هم والانطلاق بهم نحو تحقيق الأهداف ، ولا ينبغي عليه التقوقع حول نفسه أو التعالي على الآخرين وإلا سيفقد خاصية التأثير في الآخرين التي تعتبر من أبرز وأهم خصائص القيادة الفاعلة.

5- الاهتمام باتخاذ القرار الرشيد

يهتم القادة التربويون بوجه عام باتخاذ قرارات أقرب للصواب بما يحقق المصلحة للمؤسسة ، إلا أن القائد التربوي المسلم يهتم إضافة لذلك الوصول للقرار الرشيد ، فهو يسعى لتحقيق المنفعة القصوى للأفراد وللمؤسسة التربوية

وللمجتمع المسلم على حد سواء ، وهذا يتطلب قدراً كبيراً من الحكمة والحذر في الممارسات والتصرفات الرامية لاتخاذ القرارات المختلفة ، ولا يقف الأمر عند هذا الحد بل يمتد إلى كافة الأعمال والأنشطة في المؤسسة التربوية.

6- المعرفة النظرية والخبرة الميدانية

إن القائد التربوي المسلم مختص في عمله ، فهو لا يصل إلى مرحلة أن يكون قائداً إلا إذا كان قد تلقى علوماً ومعارف تمكنه من امتلاك قاعدة علمية نظرية في تخصصه الرئيس ، ولعل هذا الرصيد المعرفي لا يكون فاعلاً إلا إذا اقترن بعمل ميداني وخبرة عملية طويلة تمكن القائد التربوي المسلم من الإحاطة بالأحداث والقضايا الطارئة ، فالقائد التربوي في النظم التربوية المختلفة - ومن بينها النظام التربوي الإسلامي - يتميز عن غيره من العاملين بمؤهلاته العلمية وخبراته المهنية في المجال التربوي ، حيث ينظر إليه على أنه خبير في هذا المجال وتتم استشارته في العديد من القضايا والمواقف.

ويرى البعض أن القائد التربوي المسلم يتمتع بعدد من الخصائص والصفات منها[1] :

1- الذكاء

2- التفاؤل

3- الحكمة والعقلانية.

4- التوازن النفسي والفكري.

---

(1)Ali Mahmood Saleh (2002) Educational Administration

5- توفر خصائص بدنية وعقلية معينة.

6- القدرة على صياغة سياسات وخطط بعيدة المدى.

أسس نجاح القيادة التربوية الإسلامية

يمكن لنا الزعم بأن القيادة التربوية الإسلامية ناجحة ومتميزة بشكل بديهي ومسلّم فيه وذلك انطلاقاً من اعتمادها على تعاليم الدين الإسلامي الصالح لكل زمان ومكان مهـما كانت الظروف ومعطيات المواقف المتباينة ، فالدين الإسلامي بشموليته وتكامله يهيئ القوة الدافعة للقيادة التربوية للقيام بمسؤولياتها بالطريقة الفضلى ، ويتمخض عـن ذلك أسـس نجاح فرعية ومرتبطة ارتباطاً أصيلاً بالأساس المتين المتمثل بشمولية وتكامل الـدين ، وتعتبر هذه الأسس عوامل مساندة لنجاح القيادة التربوية الإسلامية ومنها:

1- احترام إنسانية العاملين.

2- الحرص على المنفعة العامة.

3- الحرص على التدريب المستمر.

4- امتلاك مهارات الاتصال بكفاءة.

5- وحدة التخطيط وتعددية التطبيق.

6- صياغة الخطط الواضحة والدقيقة.

7- العمل بروح الفريق (تشجيع العمل التعاوني).

8- الموضوعية في التعاطي مع الأحداث والقضايا الواردة.

وفيما يلي شرح لهذه الأسس :

1- احترام إنسانية العاملين

يفترض بالقائد التربوي المسلم التعامل مع العاملين بروية واحترام وان يشعرهم بتقدير الذات وذلك لاعتبارين هامين هما : استناد القائد التربوي المسلم على تعاليم ومبادئ الدين الإسلامي الحنيف ، إضافة إلى طبيعة العمل التربوي الذي يتولاه القائد التربوي ، فالقيادة التربوية الإسلامية تحث على الاحترام والثقة المتبادلة بين مختلف أطراف العملية التربوية ، ذلك أن النظام التربوي نظام إنساني في الأساس ، لذا ينبغي على القائد التربوي المسلم أخذ هذه الأمور بعين الاعتبار وتوظيفها في العمل التربوي داخل المؤسسة التربوية.

2- الحرص على المنفعة العامة

إن المؤسسة التربوية مؤسسة إنسانية اجتماعية ، وهي ليست ملكاً لأحد بعينه ، بل هي ملك للمجتمع المحلي كله ، لذا فإن أي عمل يتم ضمن هذه المؤسسة يستهدف تقديم الخير والفائدة للمجتمع ، والقائد التربوي المسلم ضمن هذا الوضع حريص على تنسيق الجهود وتنظيم المهمات والوظائف لخدمة المصلحة العامة للمؤسسة التربوية ومن ثم للمجتمع ، ويتضمن ذلك التعاون وتضافر الجهود الرامية لتحقيق الأهداف العليا للمؤسسة بعيداً عن الأنانية والتباغض بين العاملين.

كما أن هنالك عوامل أخرى نابعة من الخصائص المميزة للقيادة التربوية الإسلامية تسهم في نجاح هذه القيادة ، ومن تلك العوامل ما يلي[1]:

● المرونة والمقدرة على التكيف.

---

(1) هشام مريزيق ، دراسات في الإدارة التربوية ، م.س ، ص133.

• الارتباط بقيم ومعتقدات المجتمع الإسلامي.

• التركيز على الحاجات النفسية والاجتماعية للأفراد .

• الاستقرار وعدم التغير بتغير الزمان والمكان والأشخاص ؛ لأنها تستقي مبادئها من القرآن الكريم والسنة النبوية الشريفة .

3- الحرص على التدريب المستمر

يعرف التدريب بأنه إكساب المعارف والخبرات التي يحتاج إليها الإنسان وإمداده بالمعلومات التي تنقصه ، وتعليمه الاتجاهات الصالحة والأنماط السلوكية والمهارات الملائمة ، وذلك لرفع كفايته في الأداء وزيادة إنتاجيته وإتقان عمله بسرعة ودقة[1].

ولا يكتفي القائد التربوي المسلم الفاعل بما لديه من إمكانيات وبما لدى العاملين معه ، فهو دائم البحث عن الأفضل له وللعاملين وللمؤسسة التربوية التي يقودها ، ففي كل يوم تظهر مستجدات وتطورات متسارعة تتطلب التفاعل معها ومواكبتها تلبية لمتطلبات النظم التربوية القائمة ، وبذلك تظهر الحاجة لتشجيع عمليات التدريب المستمرة لاكتساب المعارف والمهارات والخبرات اللازمة لتحسين وتطوير العمل التربوي بما يحقق النفع والفائدة للجميع.

4- امتلاك مهارات الاتصال بكفاءة

يعتبر الاتصال الفعال وسيلة هامة لإنجاز المهام الرامية لتحقيق الأهداف داخل أية مؤسسة ، ويتطلب الاتصال توافر مهارات خاصة لدى أطراف

---

(1) محمد برعي (1973) التدريب والتنمية ، ط1 ، عالم الكتب ، القاهرة ، ص36 ، بتصرف.

الاتصال بحيث تسهم تلك المهارات في إنجاح عملية الاتصال ، ويحرص القائد التربوي المسلم على اكتساب هذه المهارات وتنميتها لديه ، كما يشجع العاملين على اكتسابها وتنميتها ، ويتم ذلك في إطار التوجه نحو تحقيق التواصل والتفاعل الإيجابيين بين أطراف وعناصر المؤسسة التربوية سعياً نحو تنسيق الجهود والمواقف والمهام المتكاملة أصلاً في ظل العمل التربوي وذلك بغية تحقيق الأهداف المرجوة.

1- وحدة التخطيط وتعددية التطبيق

تسعى المؤسسات الناجحة للسيطرة على عملية التخطيط للخروج بخطط شاملة ومتكاملة تسعى لتحقيق أهداف واضحة ومحددة ، وهذا يتطلب من القائد التربوي المسلم الاهتمام بالتخطيط وتكليف مجموعة مختصة بهذا المجال لتحمل مسؤولياتها ، بحيث تناط بهم مهمة التخطيط الشامل والمتكامل لمصلحة المؤسسة ، وبمعنى آخر ينبغي أن يتم التخطيط بصورة مركزية وتحت الإشراف المباشر للقائد التربوي نفسه ، أما تطبيق بنود الخطة فيمكن أن يتم بصورة لامركزية بحيث يفسح المجال للاجتهادات المتنوعة من قبل المنفذين دون الإضرار بالأهداف العليا ، وبالتالي يمكن توزيع السلطات والمسؤوليات بالشكل الذي تقتضيه طبيعة العمل ، ولا ينبغي أن يكون التنفيذ محكوماً بتعليمات مقيدة من قبل السلطة المركزية ، فالمهم في هذا الصدد أن يضمن التنفيذ تحقيق الأهداف المحددة بالطريقة الفضلى على اختلاف الطرق والأساليب.

2- صياغة الخطط الواضحة والدقيقة

ينبغي على القائد التربوي المسلم التعاون مع العاملين معه على اختلاف مستوياتهم بتحديد أهداف واضحة ومنطقية من خلال إحكام الخطط الكفيلة

217

بتسيير أمور العمل في المؤسسة التربوية ، وما يتضمنه ذلك من الإحاطة بكافة جوانب ومستويات العمل ومراعاة جوانب الزمن والمكان والتكلفة والإمكانات المتاحة ، ومن شأن هذه الخطط تنظيم العمل التربوي وتنسيق الجهود بين العاملين وكذلك بين كافة أطراف العملية التربوية.

3- العمل بروح الفريق

وهو ما يعرف إسلامياً بالشورى ، ولم يضع الإسلام نظاماً محدداً لموضوع الشورى ، وهذا دليل دامغ على احتياطها للمستجدات المستقبلية ؛ لأن تحقيق الشورى يختلف باختلاف الزمان والمكان ، فترُك الأمر للأمة (وفي نطاق اهتمامنا هنا ترك الأمر للقائد والعاملين معه) تنظمه حسب الظروف والأحوال[1].

إن القائد التربوي الناجح لا يتفرد برأي ولا يتخذ قراراً حاسماً دون الرجوع لذوي الخبرة والمعرفة ، وذلك بغية التوصل إلى اتخاذ القرار الرشيد ، ولا يقف العمل بروح الفريق عند موضوع اتخاذ القرارات بل يتعداه إلى كافة الأعمال والمهمات والعمليات الدائرة داخل المؤسسة التربوية ، حيث يسعى القائد التربوي المسلم نحو حشد التأييد من العاملين في الأعمال كلها ولا يجد مانعاً من الاستعانة بهم لتلبية مصالح المؤسسة ، وهو بذلك يشجعهم على تحمل المسؤوليات المترتبة على الممارسات التي يقومون بها بطريقة تعاونية ، ولقد أثبتت التجارب ما لهذه الطريقة من آثار إيجابية على سير العمل وتحقيق الأهداف

---

(1) عبد الكريم زيدان (1398 هـ) الفرد والدولة في الشريعة الإسلامية ، دار القرآن الكريم ، بيروت ، ص43 ، بتصرف.

المأمولة بشكل معاكس لما تفرزه القرارات والتوجهات الفردية من آثار سـلبية عـلى مسـيرة المؤسسة.

4- الموضوعية في التعاطي مع الأحداث والقضايا الواردة

إن القائد التربوي المسلم شخص متفهم وواعٍ لما يدور حوله ، ولا ينساق نحو صغائر الأمور ، ولا يقحم نفسه في أفكار ضحلة أو سطحية لا فائدة منها ، بل إنـه يغـوص في أتـون الأحداث مفسراً ومحللاً لمقتضيات وحيثيات الأحداث والقضايا الحاصـلة ، وهـو في الوقـت عينه لا يتأثر بالآراء السطحية أو العشوائية الرامية للتخلص من مشكلة معينة وربما التهرب من مواجهتها ، وإنما يبحث عن أفضل الحلـول لمواجهـة المشـكلات بطريقـة علميـة صائبة تتضمن تفعيل مهارات حل المشكلات المتسلسلة والمعروفة والتـي تتضمـن معرفـة المشكلة وتبيان أسبابها والعوامل المؤدية إليها ، ومن ثم طرح البدائل المناسبة لحل المشكلة ، ويتم بعد ذلك اختيار البديل المناسب للحل ، إضافة إلى تقييم درجة فاعلية هذا البديل فيما بعد ، والقائد التربوي المسلم لا يرى ضيراً في استقبال كافة الأفكار والأطروحات المقدمة للتعامل مع القضايا الواردة إليه ، وينبغي له أن يكون حيادياً وموضـوعياً في تقبـل الأفكـار وتطبيـق المناسب منها لحل المشكلات الناجمة عن هذه القضية أو تلـك ، وتطبيـق أسـلوب النزاهـة والمهنية في معالجة القضايا.

وأخيراً تختلف القيادة التربوية الإسلامية عن غيرها من القيادات التربوية الوضـعية ، حيث أن الأخيرة تركز على الجوانب الدنيوية الزائلة ولا تركز على الجانب الروحـي والإيمـاني كما تركز القيادة التربوية الإسلامية ، ويشكل الإسلام الرافد الأساس لموضوع القيادة التربوية.

وعليه لا تسهم القيادة التربوية في الإسلام في تنمية الجانب التربوي في الآخرين بل إنها توظف مفاهيم وتعليمات الشرع في الفئات المستهدفة ، وذلك في سعي منها نحو تحقيق الخير والسعادة في الدنيا والآخرة.

هذا وتتفوق القيادة التربوية في الإسلام عـن غيرهـا من القيـادات التربوية في أنها تتمتع بخصائص ومقومات توفر شروطاً نموذجية لاستمرار وثبـات القيادة وضـمان قيامها بوظائفها بالطريقة الفضـلى ، فالقيـادة الإسلامية لا تتأثر كـما تتأثر غيرهـا من القيـادات بالمتغيرات الخارجية المتصلة بالبيئة أو الموقف أو ظروف الزمان والمكان ، ويعـود ذلك لارتباطها الأصيل بالدين الإسلامي العظيم المتسم بالمرونة وبالصلاحية لكل زمان ومكان ولكل موقف وبيئة أياً كانت.

ملخص الفصل

تعتبر القيادة التربوية في الإسلام وسيلة خدمية لإيصال المجتمع لحياة كريمة من خلال تعدد الوظائف التي تضطلع بها وهي : التخطيط والتنظيم والتوجيه والإشراف والتقييم ضمن طابع إسلامي فريد ، وتنبثق أسس القيادة التربوية الإسلامية من تعاليم الدين الإسلامي الحنيف الصالح لكل زمان ومكان ، فهي تسهم في تحقيق العبودية لله وتحترم آراء الآخرين ، كما تسهم في تطوير المجتمع الإسلامي وتنميته وتعزيز مبدأ الشورى في الأمور كلها ، ويكتسي القائد التربوي المسلم بعدة صفات تميزه عن غيره من القادة التربويين من أهمها نعمة الإسلام ، وهذه الصفة قد تعزز النجاح في القيادة والقيام بالواجبات الموكولة إلى القائد أو المتوقعة منه.

الملاحق

ملحق (1) سلسلة السلوك القيادي *

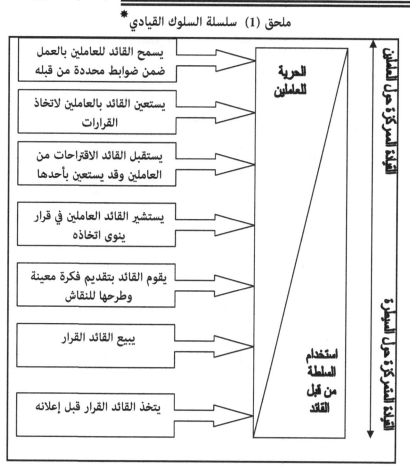

* المصدر : سامي خصاونة ، أساسيات في الإدارة المدرسية ، م.س ، ص23 ، وقد تم التعديل على الشكل والمضمون بما يتناسب وأهداف هذا الكتاب.

ملحق (2) دورة بناء الفريق ✱

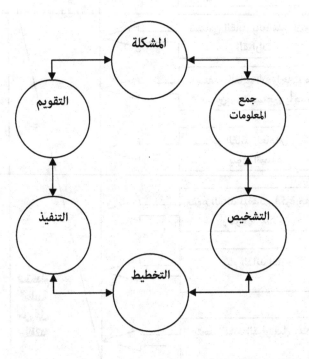

✱ المصدر السابق ، ص26. مع إجراء بعض التعديلات الشكلية.

ملحق (3) العلاقة بين القيادة والإدارة *

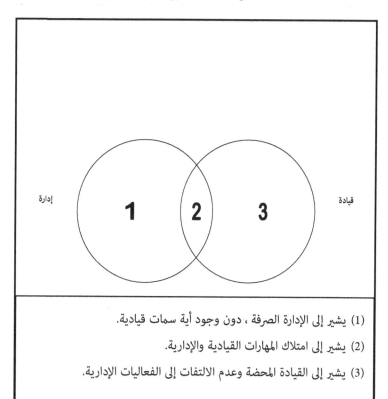

(1) يشير إلى الإدارة الصرفة ، دون وجود أية سمات قيادية.

(2) يشير إلى امتلاك المهارات القيادية والإدارية.

(3) يشير إلى القيادة المحضة وعدم الالتفات إلى الفعاليات الإدارية.

* المصدر : أحمد سيد مصطفى (1995) المدير في عالم متغير ، مكتبة عين شمس ، القاهرة ، بتصرف.

ملحق (4) العناصر الرئيسة لعملية القيادة والعوامل المؤثرة فيها *

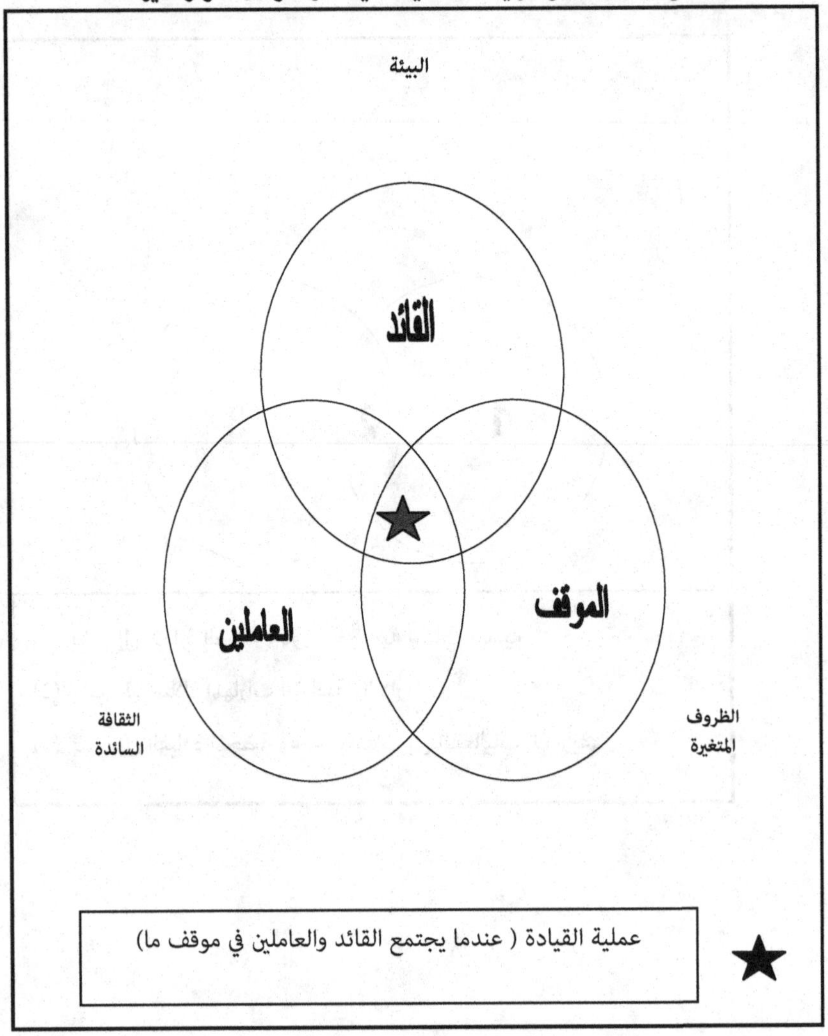

البيئة

القائد

العاملين

الموقف

الثقافة
السائدة

الظروف
المتغيرة

عملية القيادة (عندما يجتمع القائد والعاملين في موقف ما) ★

* المؤلفة: أمل أبوطاحون

ملحق (5) استبانة الأبعاد القيادية *

لا	نعم	الفقرة	الرقم
		البعد المؤسسي	
		أقوم بمتابعة خطة العمل بشكل مستمر	1
		أهتم بتقييم العمل من خلال تحديد جوانب القوة والضعف فيه	2
		أستخدم الوسائل التقنية المتطورة في تنفيذ المهام الإدارية في المدرسة	3
		أقوم بتوزيع المهام والواجبات بين العاملين كل ضمن مستواه الوظيفي	4
		أقوم بتوظيف الرسالة التربوية للمدرسة ضمن النشاطات التربوية والتعليمية	5
		البعد التنظيمي	
		أوظف أسلوب المشاركة في صنع واتخاذ القرارات	6
		أتقن مهارات الحوار الفعال مع العاملين في المدرسة	7
		أدرك السياسة التربوية المعتمدة من قبل السلطة التربوية	8
		أسعى لاستثمار الموارد البشرية للعمل التربوي الناجح	9
		أزود المسؤولين التربويين بتغذية راجعة حول فاعلية وكفاءة تلك السياسة	10
		البعد التقني	
		أهتم بتوظيف مصادر معلومات نقية داخل المدرسة	11
		أقوم باستخدام قاعدة بيانات شاملة لتحسين سير العملية التربوية	12

* المؤلفة: أمل أبوطاحون

13	أقوم بإعلان النتائج والإنجازات المتميزة للمدرسة بطرق متنوعة			
14	أستثمر التشريعات التربوية لتطوير العملية التربوية والتعليمية في المدرسة			
15	أشجع العاملين في المدرسة على البحث والاطلاع للمشاركة في اتخاذ القرارات الرشيدة			
	البعد المجتمعي			
16	أسعى لتحقيق التعاون بين المدرسة والمجتمع المحلي			
17	أستثمر العلاقات مع أبناء المجتمع المحيط لخدمة المدرسة			
18	أقوم بإفساح المجال للمجتمع المحلي للاستفادة من مرافق المدرسة			
19	أبحث عن آليات متنوعة لدعم المدرسة مادياً ومعنوياً من المجتمع المحلي			
20	أقوم بتطوير الأهداف المدرسية بما يوائم أهداف المجتمع المحلي وعاداته وتقاليده			
	البعد المهني			
21	أهتم بالتخطيط السليم للمؤسسة التربوية			
22	أعمل في المدرسة بصفتي مشرفاً تربوياً مقيماً			
23	يستوعب الثقافات والعادات والتقاليد المتباينة التي يمتلكها العاملون والطلبة			
24	أحاول باستمرار تطوير الأساليب والإجراءات لتحسين جودة العملية التربوية			
25	أوظف النظريات العلمية الحديثة في تطوير الأساليب القيادية لتحسين العمل التربوي			

ملحق (6) القائد التربوي ضمن العملية التربوية

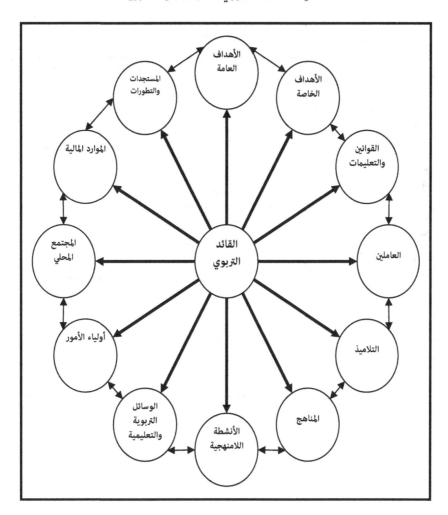

ملحق (7) نظرية الشبكة الإدارية *

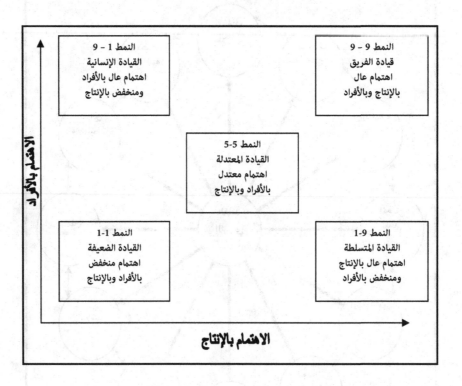

* قاسم بن عائل الحربي ، القيادة التربوية الحديثة ، م.س ، ص61.

ملحق (8) عمليات التخطيط الاستراتيجي *

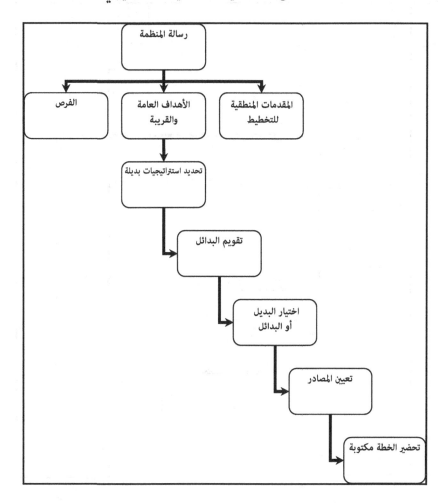

* سامي خصاونة ، المرجع السابق ، ص37.

233

ملحق (9) استراتيجية تقويم المنظمة *

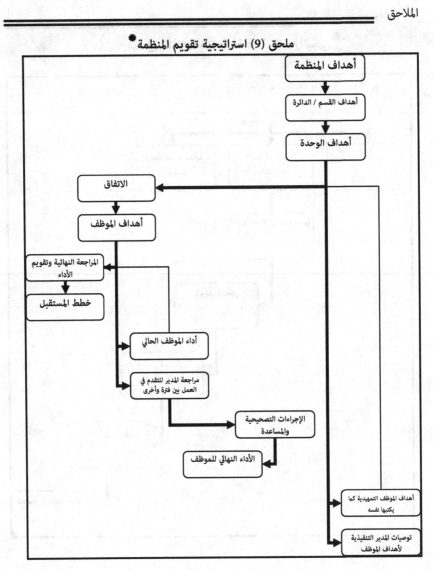

---

* المرجع السابق ، ص68.

ملحق (10) ملخص لأدوات التقييم الأساسية*

أنواع قياسات التقييم	فئات أدوات التقييم	البنية الأساسية للفقرة	الأنواع الأساسية للعلاقات
التحصيل	الاختبارات معيارية المرجع الاختبارات محكية المرجع	- موضوعي - صح / خطأ - اختيار من متعدد - تطابق	- العلامات الخام - التوزيع المئيني - العلامات المعيارية - المئينات
الاتجاه	الاستبانات	- مفتوح النهاية - نعم / لا - اختيار من متعدد - تقديرات مختلطة	- فئات - تكرارات - نسب مئوية
التفاعل	الملاحظة نماذج التسجيل	- مفتوح النهاية - موضوعي - تقديرات - حاضر / غائب	- فئات - تكرارات - نسب مئوية - تقديرات
سلوكيات أخرى	- السجلات - التقارير - الحضور - الانقطاع - العلامات - المذكرات	- مفتوح النهاية - موضوعي	- زمن - تكرارات - فئات

* سامي خصاونة ، المرجع السابق ، ص 175.

المراجع

- **القرآن الكريم**

الكتب العربية

- إبراهيم مطاوع (1980) الأصول الإدارية للتربية ، ط1 ، دار المعارف ، القاهرة.
- أحمد سيد مصطفى (1995) المدير في عالم متغير ، مكتبة عين شمس ، القاهرة
- أحمد عودة (1985) القياس والتقويم في العملية التدريسية ، دار الأمل ، إربد.
- أحمد محمد الطبيب (1999) الإدارة التعليمية أصولها وتطبيقاتها المعاصرة ، ط1 ، المكتب الجامعي الحديث ، ليبيا.
- إسماعيل السيد وآخرون (1997) تنمية المهارات القيادية والسلوكية : تدريبات وأنشطة ، المنظمة العربية للتنمية الإدارية ، القاهرة.
- توني بوش وديفيڤد ميدلوود (2010) قيادة الأشخاص وإدارتهم في التربية، ترجمة: رباب حسني هاشم، مركز البحوث، الرياض.
- جمال الخضور (1996) أنماط إدارة الصراع لدى مديري المدارس الأساسية في محافظة المفرق في ضوء متغيرات الخبرة والجنس والمؤهل العلمي ، رسالة جامعية ، إشراف : كايد سلامة ، جامعة اليرموك.
- جودت عطوي (2001) الإدارة التعليمية والإشراف التربوي : أصولها وتطبيقاتها ، ط1 ، الدار العلمية الدولية ، عمان.
- رضا صاحب أبو أحمد آل علي وآخرون (2001) وظائف الإدارة المعاصرة : نظرة بانورامية ، مؤسسة الوراق ، عمان.

- ريتشارد هال (2001) المنظمات : هياكلها عملياتها ومخرجاتها ، ترجمة سعيد الهاجري ، مركز البحوث ، الرياض.

- زهاء الدين عبيدات (2001) القيادة والإدارة التربوية في الإسلام ، ط1 ، دار البيارق ، عمان.

- زيد منير عبوي (2007) القيادة ودورها في العملية الإدارية ، ط1، دار البداية للنشر والتوزيع ، عمان.

- سامر جلدة (2008) السلوك التنظيمي والنظريات الإدارية الحديثة، دار أسامة للنشر والتوزيع، عمان.

- سامي خصاونة (1986) أساسيات في الإدارة المدرسية ، شقير وشكعة ، عمان.

- سعيد ياسين وعلى عبد الوهاب (1994) الفكر المعاصر في التنظيم والإدارة ، مركز وايد سيرفس للاستشارات والتطوير الإداري ، القاهرة.

- سليمان عبيدات (1988) القياس والتقويم ، جمعية عمال المطابع التعاونية ، عمان.

- شاكر فتحي وآخرون (1988) الإدارة المدرسية في مرحلة التعليم الأساسي ، دار النهضة العربية ، القاهرة.

- صلاح عبد الحميد مصطفى (2002) الإدارة المدرسية في ضوء الفكر الإداري المعاصر ، دار المريخ للنشر ، الرياض.

- طارق عبد الحميد البدري (2002) أساسيات في علم إدارة القيادة ، ط1 ، دار الفكر للطباعة والنشر ، عمان.

- عبد العزيز أبو نبعة (2001) المفاهيم الإدارية الحديثة ، ط2 ، دار مجدلاوي للنشر والتوزيع ، عمان.

- عبد الغني عبود (1992) إدارة التربية وتطبيقاتها المعاصرة ، دار الفكر العربي ، القاهرة.

- عبد الكريم زيدان (1398 هـ) الفرد والدولة في الشريعة الإسلامية ، دار القرآن الكريم ، بيروت.

- علي محمد منصور (2001) مبادئ الإدارة : أسس ومفاهيم ، مجموعة النيل العربية ، طرابلس.

- قاسم بن عائل الحربي (2008) القيادة التربوية الحديثة ، ط1 ، الجنادرية للنشر والتوزيع ، عمان.

- كامل محمد المغربي (1995) السلوك التنظيمي ، ط2 ، دار الفكر للنشر والتوزيع ، عمان.

- لبنى الشامي وماركو إبراهيم (2001) الإدارة : المبادئ الأساسية ، ط1 ، المركز القومي للنشر ، عمان.

- محمد النوافلة (2002) الإدارة الموقفية التربوية في القرآن الكريم ، ط1 ، دار مجدلاوي للنشر والتوزيع ، عمان.

- محمد القريوتي (2000) السلوك التنظيمي : دراسة السلوك الإنساني الفردي والجماعي في المنظمات المختلفة ، دار الشروق ، عمان.

- محمد برعي (1973) التدريب والتنمية ، ط1 ، عالم الكتب ، القاهرة.

- محمد عبد الغني هلال (1996) مهارات قيادة الآخرين ، دار الكتب ، القاهرة.

239

- محمد منير مرسي (1998) الإدارة التعليمية ، عالم الكتب ، القاهرة.

- محمود المساد (2003) الإدارة الفعالة ، ط1 ، مكتبة لبنان ناشرون ، بيروت.

- محمود شوق (1995) تربية المعلم للقرن الحادي والعشرين ، مكتبة العبيكان ، الرياض.

- منى مؤتمن عماد الدين (2010) آفاق تطوير الإدارة والقيادة التربوية في البلاد العربية بالإفادة من التجارب والنماذج العالمية المتميزة، مركز الكتاب الأكاديمي، عمان.

- موسى المدهون وإبراهيم الجزراوي (1995) تحليل السلوك التنظيمي سيكولوجياً وإدارياً للعاملين والجمهور ، ط1 ، المركز العربي للخدمات الطلابية ، عمان.

- مصطفى حجازي (1982) الاتصال الفعال في العلاقات الإنسانية والإدارة ، دار الطليعة ، بيروت.

- هاني الطويل (1999) الإدارة التربوية والسلوك المنظمي ، دار وائل للطباعة والنشر ، عمان.

- هاني الطويل (1995) الإدارة التعليمية : مفاهيم وآفاق ، دار وائل للنشر والتوزيع ، عمان.

- هشام يعقوب مريزيق (2008) دراسات في الإدارة التربوية ،ط1 ، دار غيداء للنشر والتوزيع ، عمان.

- هشام يعقوب مريزيق (2008) النظرية والتطبيق في الإشراف التربوي ، ط1 ، دار الراية للنشر والتوزيع ، عمان.

- يوسف نبراي (1993) الإدارة المدرسية الحديثة ، مكتبة الفلاح ، الكويت.

240

الكتب الأجنبية

- Alexander Law and M. Carolyn Fowle, (1979) ***Program Evaluator's Guide*** . Sacramento: California.

- Ali Mahmood Saleh (2002) ***Educational Administration***

- Samuel .C .Certo (1994) ***Modern Management Divercity, Quality, Ethics,and Colbal Enviroment*** , Allyn and Bocon , London.

- William W. Savage (1968) ***Interpersonal and Group In Educational Administration***.

الأبحاث والمقالات المنشورة على شبكة الإنترنت

- **إدارة الأزمات التربوية** ، بحث منشور على شبكة الإنترنت على الموقع الإليكتروني : .html6http://members.lycos.co.uk/edaratalazamat/empty

- الإدارة الناجحة بأسلوب الاتصال الفعال ، بحث منشور على الموقع الإليكتروني : .http://www.hrdiscussion.com/hr683.html

- بندر بن محمد العمري (1427هـ) **التطوير التنظيمي وإعادة التنظيم** ، بحث منشور على شبكة الإنترنت: http://www.kaau.org/attachment.php?attachmentid=2260

- زيد بن محمد الزعيبر ، **إدارة الأزمات في المؤسسات التربوية** ، بحث منشور على شبكة الإنترنت على الموقع الإليكتروني: http://www.islamselect.com/article/63677 .

- عبد الـله صالح ، **القيادة التربوية** ، بحث منشور على شبكة الإنترنت على الموقع الإليكتروني : .http://www.moeforum.net

- **مفهوم إدارة الأزمات** ، بحث منشور على شبكة الإنترنت على الموقع الإليكتروني : http://www.manhal.net/articles.php?action=show&id=432 ، ولم يتم العثور على كاتب هذا البحث.

- وزارة التربية / الكويت ، **مهام رئيس قسم التربية الإسلامية وسماته الشخصية في القيادة التربوية** ، بحث منشور على شبكة الإنترنت:http://www.moe.edu.kw/pages/sectors/ .

المراجع

● يوسف جغلولي، <u>القيادة الإدارية وتطوير الثقافة التنظيمية</u>، دراسة منشورة على موقع
<u>http://knol.google.com</u>

● http://www.culture.gov.jo

المحاضرات الجامعية

- سلامة طناش (2006) <u>التقييم في الإدارة التربوية</u> ، محاضرات جامعية لطلبة برنامج
الدراسات العليا في الإدارة التربوية / الجامعة الأردنية ، عمان.

- سلامة طناش(2006) <u>نظريات القيادة التربوية</u> ، محاضرات جامعية لطلبة برنامج الدراسات
العليا في الإدارة التربوية / الجامعة الأردنية ، عمان .

المجلات

- مجلة التدريب والتقنية (2005)، المؤسسة العامة للتدريب التقني والمهني، الرياض،
العدد 81، تشرين الأول.

المؤلفة في سطور

أمل لطفي عبد الـلـه أبو طاحون

- ولدت في الكويت في 1966/8/25م
- حصلت على درجة البكالوريوس في تخصص ميكروبيولوجي من جامعة الكويت عام 1989م
- حصلت على درجة الماجستير في المناهج وأساليب التدريس من الجامعة الأردنية عام 1997م.
- تعمل مديرة مدرسة تابعة لوزارة التربية والتعليم الأردنية
- تعمل مدربة في برنامج الطفولة المبكرة / التوعية الوالدية برعاية وزارة التربية والتعليم ومنظمة اليونيسيف
- تعمل مدربة في مشروع تطوير المدرسة والمديرية (SDIP) وزارة التربية والتعليم في الأردن
- اجتازت العديد من الدورات التدريبية ومنها:

1- دورة تدريبية بعنوان " برنامج القيادة / الفريق المحوري" وزارة التربية والتعليم - الأردن- بواقع 84 ساعة تدريبية – من 27/9/ 2011 حتى 2011/10/15.

2- دورة بعنوان " توفير الرعاية والحماية النفسية والاجتماعية للأطفال في أوضاع الأزمات" -بواقع 21 ساعة تدريبية - يوليو 2011 .

3- دورة تدريبية بعنوان" التعلم التفاعلي" برعاية مؤسسة نهر الأردن – مركز الملكة رانيا – بواقع 30 ساعة تدريبية – يونيو 2011 .

4- دورة تدريبية بعنوان" البرلمانات الطلابية ومجالس الآباء و المعلمين" - مديرية عمان الرابعة وزارة التربية والتعليم الأردن نيسان .2011

5- دورة تأهيلية للمديرين (الشؤون المالية وشؤون الموظفين)- وزارة التربية والتعليم – الأردن-ديسمبر 2010 .

6- دورة تدريبية بعنوان " القيادة الإستراتيجية في الحوسبة في التعليم " برعاية وزارة التربية والتعليم والمجلس الثقافي البريطاني في الأردن من 2008/11/22 حتى 2008/11/26 بواقع 30 ساعة تدريبية .

7- دورة مدربي لبرنامج الطفولة المبكرة / التوعية الوالدية- مؤسسة نهر الأردن - مركز الملكة رانيا للأسرة والطفل وبدعم من منظمة اليونيسيف – ابريل 2006.

8- دورة تأهيلية للمديرين في وزارة التربية والتعليم (الشؤون المالية وشؤون الموظفين) مارس 2006.

9- دورة برنامج الطفولة المبكرة / التوعية الوالدية – مديرية عمان الرابعة - وزارة التربية والتعليم - الأردن ـ أكتوبر 2005.

10- دورة تدريبية عن المختبرات العلمية(لمدة سنة)- وزارة التربية والتعليم – الأردن – 2000/1999

11- دورة تدريبية لمدة سنة عن المناهج الأكاديمية الجديدة لصف ثاني ثانوي علمي - وزارة التربية والتعليم – الأردن - 1997 .

12- دورة تدريبية لمدة سنة في وزارة التربية والتعليم – الأردن - عن تطوير المناهج التعليمية في الأردن - 1996 .

13- دورة تأهيلية للمعلمين الجدد – وزارة التربية والتعليم – الأردن ،أغسطس 1995

14- دورة تدريبية لمدة 4 أشهر في كلية الطب ، جامعة الكويت – قسم الميكروبيولوجي – د . طريف الكرمي 1989.

15- دورة تدريبية لمدة شهرين في مستشفى مبارك الكبير – الكويت في مختبرات الميكروبيولوجي – يوليو وسبتمبر 1986.

- صدر للمؤلفة كتاب بعنوان"**التخطيط التربوي واعتباراته الثقافية والاجتماعية والاقتصادية**" دار اليازوري للنشر والتوزيع، عمان، 2010.

تم بحمد اللـه

طبع في أمواج